Elogios a *Espiritualmente, Nós*

"*Espiritualmente, Nós* é uma leitura obrigatória para quem se sente solitário e desconectado. Sah entende que a conexão com a comunidade é a base do nosso bem-estar e oferece ferramentas práticas e capacitadoras para ajudar nas mudanças necessárias para gerar a verdadeira felicidade no mundo em mudança de hoje."

DRA. NICOLE LEPERA

Autora best-seller n.º 1 do *New York Times* com o livro *Como Curar Sua Vida*

"Sah D'Simone compartilha de maneira amável como o profundo poder da conexão espiritual pode curar a doença generalizada de solidão em nosso mundo moderno. Com sabedoria que transcende o mundano, Sah nos guia em direção à conexão genuína, harmonia interior e cura profunda."

YUNG PUEBLO

Autor best-seller do *New York Times* com os livros *A resposta está dentro de você*, *Clareza & Conexão* e *The Way Forward*

"Sah D'Simone tem o poderoso dom de tornar o caminho da libertação espiritual acessível, não importando em que ponto estejamos em nossa jornada. Em *Espiritualmente, Nós*, Sah utiliza a dádiva da hospitalidade para nos receber de um jeito lindo no caminho espiritual e generosamente nos oferecer insights práticos que nos ajudam a estender essa hospitalidade aos outros. Recomendo este livro profundo a todos nas minhas comunidades de aprendizagem!"

CHRISTENA CLEVELAND, PhD

fundadora do Center for Justice + Renewal e autora de *God Is a Black Woman*

"*Espiritualmente, Nós* é um lembrete sagrado. Um bálsamo em uma ilha deserta de invulnerabilidade . Sah D'Simone oferece uma conexão autêntica, real, crua e reconfortante em cada capítulo e em cada entrelinha. Este livro proporciona o Como e o Porquê Sagrados, tão necessários em um mundo que, frequentemente, está superconectado em termos de tecnologia, mas ainda assim, está desconectado. Este livro dá a oportunidade de escancarar nossos corações para lembrarmos que *juntos* somos melhores."

JENNIFER MULLAN, DOUTORA EM PSICOLOGIA

fundadora da Terapia Decolonial

"Este livro é como um abraço quentinho. Um presente para qualquer leitor e uma conversa absolutamente necessária sobre cura, comunidade e união. *Espiritualmente, Nós* é um guia transformador que nos ajuda a nos entendermos mais profundamente em meio a um novo panorama global. Eu o recomendo a qualquer pessoa que almeje passar pela solidão e pela vida com mais confiança, amor-próprio e tranquilidade, é um guia incrivelmente amoroso e perspicaz escrito por Sah, a voz da nova geração."

KRISTA WILLIAMS

cofundadora do podcast *Almost 30* e autora de *Modern Tarot*

"Sah é muito autêntico, sábio e dedicado a servir. Passar um tempo com ele, seja pessoalmente, em uma videochamada ou consumindo seu incrível trabalho, é um presente que devemos valorizar muito. Obrigado, Sah, por transformar sua jornada e todas as suas experiências e descobertas em sabedoria escrita acessível com a qual todos nós merecemos aprender."

SASHA E AJ MARTOFEL

cofundadores da Self-Care Is for Everyone

"Em um mundo onde a crise está se tornando a regra, é fácil nos encolhermos em nosso medo e ansiedade individuais, esquecendo que cuidar uns dos outros é o caminho que devemos escolher para um futuro mais livre. Em seu ensino caracteristicamente atrevido e sincero, Sah nos lembra que não há libertação sem amor, sem cuidado e sem bondade para nós mesmos e para os outros ao nosso redor."

LAMA ROD OWENS

autor de *The New Saints*

"Lembrando-nos de que o trabalho de despertar é comunal e não solitário, Sah oferece aos leitores uma abordagem clara e sincera para ver além do eu, a fim de trilhar esse caminho de libertação em comunidade."

SHARON SALZBERG

autora best-seller de *Lovingkindness* e *Finding Your Way*

"A voz de Sah é um lembrete potente de que, em uma época em que nossos celulares e notebooks parecem nos manter mais conectados, no fundo ainda ansiamos por uma conexão profunda, sincera e espiritual que é um nutriente essencial da vida. Todos nós precisamos desse lembrete para não termos medo de uma conexão honesta e vulnerável."

ALEXANDRA ROXO

autora best-seller de *F*ck Like a Goddess* e *Dare to Feel*

"Louvada seja a Deusa por este livro tão necessário sobre espiritualidade e relacionamento! Os convites, aplicações práticas e exemplos, bem como os ensinamentos místicos muito profundos deste livro, darão ao seu coração um lugar macio para pousar depois de andar pelos campos de batalha dos relacionamentos modernos e o isolamento, algo muito comum. O convite de Sah de nos reunirmos, depois de milhares de anos vivendo espiritualmente separados, é voltado aos cacos de nossos corações partidos e cria ondas de compaixão que alcançarão nosso âmago e além de nós enquanto indivíduos."

ADRIANA RIZZOLO

fundadora da Igreja Body Temple, mentora espiritual,
guia da cura somática e educadora sexual

"Como criador de uma comunidade espiritual, Sah D'Simone sabe bem que quando Despertamos juntos, esse impacto muda a vida. Nem todas as formas de apoio social são iguais. Quando nossas profundas vidas espirituais são compartilhadas, nos unimos em cuidado, sabedoria e em um mundo totalmente inclusivo para todas as almas na Terra. Sah aponta rotas adiante para buscarmos uma vida sagrada de profunda conexão com o Divino, seja o externo ou o que reside em cada um de nós."

LISA MILLER, PhD

professora da Universidade de Columbia e autora de *The Awakened Brain*

"Neste livro novo e surpreendente, os anos de prática contemplativa e de discurso interior da verdade de Sah se misturam com uma voz de escrita deslumbrante e um senso de humor reverentemente irreverente, erguendo-o como um guia essencial para nossos tempos."

MIRABAI STARR

autor de *Caravan of No Despair* e *Wild Mercy*

"Para quem já se sentiu sozinho ou ansiou por uma comunidade mais forte, em *Espiritualmente, Nós*, Sah D'Simone dá uma orientação gentil, mas poderosa, para uma vida mais social e com mais apoio. Este é o remédio do qual todos nós precisamos!"

MO GAWDAT

autor best-seller internacional de *A fórmula da felicidade*

"Este é um livro sobre relacionamentos, que começa permitindo que sejamos mais nós mesmos. Sah nos mostra que somente a partir deste lugar podemos começar a formar e acessar as comunidades profundas, vulneráveis e nutritivas que todos ansiamos e precisamos. Obra vital para esses tempos."

RUBY WARRINGTON

autora de *Sober Curious* e *Women Without Kids*

"Sah tem um coração espiritual genuíno, repleto de sabedoria, compaixão e muita ousadia. *Espiritualmente, Nós* é uma bela evolução do seu trabalho enfrentando uma das nossas maiores epidemias — a solidão — de um lugar centrado na alma. Eu adoro Sah e adoro este livro, totalmente."

SAHARA ROSE

autora best-seller de *Discover Your Dharma* e *Eat Feel Fresh*, apresentadora do podcast *Highest Self*

"Pesquisadores da psicologia estão chegando a um consenso de que estamos no meio de uma grave epidemia de solidão, e este livro é exatamente do que nossa cultura precisa agora! Em *Espiritualmente, Nós*, Sah nos conclama amorosa e ferozmente para que paremos de olhar para nosso umbigo e fixemos os olhos em nossa comunidade — para que possamos experimentar a maravilhosa medicina curativa da união humana."

SHANNON ALGEO

psicoterapeuta e aclamada autora de *Trust Your Truth*

Espiritualmente, Nós

Também por Sah D'Simone

Espiritualmente Atrevido

5-Minute Daily Meditations

5-Minute Daily Meditations Page-A-Day Calendar

Um manifesto comovente em uma época centrada no "eu, eu, eu".

Espiritualmente, Nós

A arte de se relacionar e se conectar de coração

Sah D'Simone

EDITORA ALAÚDE

Rio de Janeiro, 2025

Espiritualmente, Nós

ISBN: 978-85-7881-748-0

Impresso no Brasil — 1ª Edição, 2025 — Edição revisada conforme o Acordo Ortográfico da Língua Portuguesa de 2009.

Dados Internacionais de Catalogação na Publicação (CIP)
(BENITEZ Catalogação Ass. Editorial, MS, Brasil)

D866e
1.ed. D'Simone, Sah
Espiritualmente, nós : a arte de se relacionar e se conectar de coração / Sah D'Simone ; tradução Rafael Surgek. - 1.ed. - Rio de Janeiro : Alaúde, 2025.
224 p.; 15,7 x 23 cm.

Título original: Spiritually, we.
ISBN 978-85-7881-748-0

1. Budismo. 2. Espiritualidade. 3. Meditação. 4. Saúde espiritual. I. Surgek, Rafael. II. Título.

11-2025/179 CDD 133

Índice para catálogo sistemático:
1. Meditação : Espiritualidade 133
Aline Graziele Benitez - Bibliotecária - CRB-1/3129

Produção Editorial: Grupo Editorial Alta Books
Diretor Editorial: Anderson Vieira
Vendas Governamentais: Cristiane Mutüs
Gerência Comercial: Claudio Lima

Produtora Editorial: Gabriela Paiva
Tradução: Rafael Surgek
Copidesque: Helena Coutinho
Revisão: Denise Himpel
Diagramação: Joyce Matos

ALTA BOOKS
GRUPO EDITORIAL

Rua Viúva Cláudio, 291 — Bairro Industrial do Jacaré
CEP: 20.970-031 — Rio de Janeiro (RJ)
Tels.: (21) 3278-8069 / 3278-8419
www.altabooks.com.br — altabooks@altabooks.com.br
Ouvidoria: ouvidoria@altabooks.com.br

Editora
afiliada à:
ASSOCIADO

Em memória afetuosa de minha mãe

Sumário

Sobre o Autor

Sah D'Simone é um revolucionário espiritual, místico, artista e autor best-seller internacional de *Spiritually Sassy: 8 Radical Steps to Activate Your Innate Superpowers.* Ele é o famoso apresentador dos renomados podcasts *Spiritually Sassy Show* e *The Big Celebrity Detox,* na emissora Channel 4, do Reino Unido, e por criar o Método SAH, sigla em inglês para Somatic Activated Healing [Cura Somática Ativada].

A profunda experiência de Sah está enraizada em uma década de prática budista experiencial, nas suas extensas experiências de retiro na Índia e no Nepal e na sua formação profissional em psicoterapia contemplativa.

Como aprendiz cinestésico, Sah usa a dança como meio para estados de transe desde 2015, desenvolvendo uma compreensão profunda da conexão corpo-mente. Esse processo de aprendizagem cinestésica inspirou a formulação de seu Método SAH, ímpar e aclamado pela crítica.

Sua abordagem sobre traumas é orientada por seu trabalho de base em orfanatos, abrigos para desabrigados e centros de reabilitação na Indonésia, Nepal, Índia e Estados Unidos. Em um futuro próximo, Sah estenderá seus serviços ao Cedars-Sinai Medical Center (o segundo melhor hospital dos Estados Unidos), passará por treinamento em educação pastoral clínica e oferecerá atendimento espiritual aos pacientes na unidade de cuidados paliativos. Ele também é professor convidado na Universidade de Columbia. As notáveis contribuições de Sah para os jovens em situação de rua em Venice Beach, Califórnia, lhe renderam o prêmio CARE da cidade e do condado de Los Angeles.

Apesar de sua impressionante jornada profissional e realizações, o que realmente define Sah são sua coragem e resiliência. Desde tenra idade, sua vida foi marcada por batalhas contra depressão, ansiedade e vício, mas sua vontade inabalável de continuar vivendo e ajudando os outros dão real significado a seu impacto luminar nos campos da espiritualidade e da cura de traumas.

Agradecimentos

Este livro é uma homenagem à minha linda mãe, Patricia De Simone Ayoub, que me ensinou a amar incondicionalmente. Eu entendo a conexão por causa dela, minha primeira conexão, que nunca vai diminuir, onde quer que seu belo espírito resida. Nossa conexão é antiga, não é mundana, não é desta vida. Minha mãe tinha uma profunda capacidade de se conectar ao mundo a partir de um lugar que é "Espiritualmente, Nós", aquecendo qualquer espaço em que entrasse com seu sorriso brilhante e entusiasmo contagiante pela vida. Embora meu coração estivesse partido enquanto escrevia, minha dor me abriu para uma compreensão mais profunda do quanto precisamos um do outro. Obrigado, mamãe — pela sabedoria, pela alegria — por tudo. Eu te amarei para sempre.

Para meu pai, cujo casamento de quarenta anos com minha mãe me deu o modelo de como deve ser uma verdadeira conexão de alma, animada por amor e compaixão radicais, e que caminhou comigo, literalmente lado a lado, em luto por 800 km, restaurando-me à sanidade. Obrigado por sua coragem, bondade, gentileza e amor inabalável.

Para minha irmã mais velha, Moun, minha melhor amiga de muitas vidas. Desde o primeiro dia, você sempre cuidou de mim. Obrigado por seu amor incondicional e por me ensinar que é seguro ser vulnerável: mesmo quando estou aterrorizado, você nunca teve medo da minha escuridão. Obrigado por deixar a luz entrar.

Ao meu irmãozinho, Micky, meu crítico mais duro, mas meu aliado mais firme. Obrigado por ser sempre honesto, por sua capacidade épica de falar a verdade em uma única palavra.

À minha querida amiga e colega, Libby Edelson, por me levantar quando eu estava para baixo, por me inspirar quando estava sem inspiração, por me levar aos meus limites, por me desafiar a ir mais fundo e por me colocar em movimento para que eu trouxesse o melhor que tenho a oferecer. Obrigado pelo apoio, por ser o divisor de águas que tornou tudo isso possível. Você é um oráculo, alguém que pode ver entre as camadas e nomear coisas que não têm nome. Sua capacidade de comunicar o inefável de formas tão imaculadas e prolíficas para que possamos ouvi-las é um verdadeiro presente.

À minha agente, Coleen O'Shea, por me manter sob controle e no caminho certo, sempre com carinho, firmeza e zero enrolação. Obrigado por guiar minha carreira literária com tanto cuidado e integridade.

À minha editora, Diana Ventimiglia, por acreditar em mim e sempre entender minha visão, e por me defender sempre. Agradeço sua paciência e seu compromisso com este livro.

Para toda a equipe da Sounds True, com especial gratidão a Jaime Schwalb, Angela Wix e Alan Getto. Muito obrigado por trazerem suas notáveis paixões, talentos e sensibilidades para todas as etapas deste projeto. Tenho muita sorte de poder publicar com vocês.

Para Kim Burns, por fazer as coisas se encaixarem. Obrigado por evitar o desastre, por ser tão consciencioso e diligente, por lidar com minha loucura com tanto carinho e bom humor. Você é uma verdadeira joia.

Para Dana LaRue Park, uma bruxa das palavras com o poder de traduzir meu caos em uma linguagem bonita e impactante que se conecta. Obrigado por estar sempre do meu lado e por seu papel fundamental em viabilizar este livro.

Para Benjamin W. Decker, obrigado por ser um dos meus primeiros leitores, por me ajudar a manter o foco no livro quando eu queria fazer tudo menos escrever, e por seus generosos insights e feedback.

Para Melissa Valentine, obrigado por apoiar a fase inicial desta jornada e por dizer "sim" a ela enquanto foi possível.

Enorme gratidão a todas as pessoas que tenho a sorte de chamar de amigas — vocês sintetizam o que é este livro — com menção especial a Tiffany Kappeler, Mia Magik, Lyle Maxson; Shannon Algeo; Adriana Rizzolo; Alexandra Roxo; Ruby Warrington; Ashley Elizabeth; Maria Francisca, Kerri Kelly; Ian Daniel; Sahara Rose; Diego Perez; Lisa Levine, Jackie Cantwell; Luca Renzi; Tashi Choedup; Devi Brown; Vikain Hanounik; Vandana Hart; Jennifer Sodini; Kate Shela; Josefina Bashout; KYMÅ; Gabriel Marques; Lisa Marie Schneider, Harshada Wagner e Ansley Weller.

Aos meus queridos mentores, o Venerável Tenzin Chogkyi, a Venerável Sarah Thresher e a Venerável Joan Nicell — meu coração transborda de apreciação imensurável. Sua orientação não apenas iluminou o caminho sagrado do dharma, mas também brilhou como faróis do mais alto potencial da humanidade.

Para os muitos cientistas, médicos, pesquisadores e professores ridiculamente inteligentes, pioneiros e compassivos com quem conversei sobre tudo, desde a solidão até o vício, o perdão e o cérebro sobre a espiritualidade, incluindo a Dra. Lisa Miller, a Dra. Rachel Wurzman, Kristin Masters e Rachel Pringle, obrigado por doarem tão generosamente seu tempo e por compartilharem sua confiança e sabedoria e insights arduamente conquistados tão livremente. Estou impressionado com seu brilhantismo.

Introdução

A ideia deste livro — ou, pelo menos, a ideia de que ele era necessário — começou a borbulhar em mim durante a pandemia. Que óbvio, não? Um livro sobre como a amizade e a comunidade são cruciais, não apenas para o nosso bem-estar físico e mental, mas também (mais importante) para a nossa vitalidade espiritual, justamente quando a ausência dessas coisas ficou tão evidente? Sim, foi mais ou menos isso, mas não de todo.

Eu me sinto um pouco culpado por escrever isso, mas para mim, os primeiros dias de incerteza, distanciamento social e quarentena trouxeram um grande alívio, pois vi quanta sorte eu tenho. Durante o tumulto inicial da pandemia, minhas amizades eram abrigo, o último refúgio seguro enquanto meus amigos e eu formávamos nossas pequenas bolhas e tentávamos nos orientar pela loucura e incerteza do que estava acontecendo com a vida como a conhecíamos. Confinado a lugares próximos e confrontado com a qualidade de minhas conexões, pude ver com mais clareza do que nunca o quanto minhas amizades eram sagradas: solidárias, curativas, ausentes de julgamentos e repletas de alegria. Como elas mantinham espaço para o contínuo trabalho artístico em processo que cada um de nós é. E, definitivamente, em outro momento essa percepção não teria sido tão nítida.

Mas era mais estranho me adaptar à minha nova realidade *online*. A pandemia significou uma interrupção repentina em minhas viagens. Por anos, meus esforços — tanto profissionais, como professor, quanto pessoais, como aluno — me levaram a uma andança quase ininterrupta pelos EUA e pelo mundo. Agora que estava preso a um só lugar, tive que encontrar novas maneiras de trabalhar e de me conectar com meus professores e alunos. Pela primeira vez, usei muito as redes sociais e "criei conteúdo" (Meu Senhor, odeio essa frase!). Não me entenda mal. Antes da pandemia, eu estava em contato constante com outras pessoas — mas era em grande parte presencial. Eu nunca tive esse caminhão de tempo livre, e a última coisa que queria fazer era gastar o pouco que tinha dele no celular. Agora aqui estava eu, me filmando dançando, fazendo memes, mandando DMs, tocando na tela duas vezes e *stalkeando* no Instagram (brinks, gente, calma).

Eu estaria mentindo se dissesse que, a princípio, não gostei da minha nova vida quase cronicamente online. Alcançar tantas pessoas que, de outra forma, eu não alcançaria foi legal, mas... também estranho. Durante alguns meses, comecei a ter uma visão mais ampla da cultura pop do bem-estar e da espiritualidade, e não foi bonito. Ok, *parecia* bonito, e no começo eu fui seduzido (não adianta, eu sou facinho, facinho): a palavra de ordem era empoderamento, e as pessoas estavam postando sobre seu "momento vilão", seus limites intransponíveis, as pontes que não estavam sendo queimadas, mas detonadas, e como estavam fartas das pessoas tóxicas em suas vidas.

Ao mesmo tempo, recebia muitas DMs de pessoas dizendo que desejavam ter amigos como eu ou que eu fosse o melhor amigo delas. Explicando melhor, elas não estavam apenas dizendo que gostariam de ter um amigo queer, pardo, e fabulosamente debochado (quem não gostaria?) ou que gostariam de ter um amigo próximo, ou mais amigos. Não, essas mensagens indicavam claramente que elas estavam em um caminho espiritual, ou pelo menos em um caminho terapêutico, e agora seus amigos não as compreendiam mais. Tudo ficou megachato, eles estavam em um lugar muito "além" ou muito "acima" dos amigos irremediavelmente não iluminados.

Foi então que comecei a pensar seriamente em escrever este livro. Aplaudo o trabalho de se acertar consigo mesmo e procurar outros viajantes com ideias semelhantes. Mas muitos dos vídeos que eu estava vendo e mensagens que estava recebendo falavam de um mundo binário onde as pessoas são boas ou más, dignas ou indignas, e qualquer um que não atenda a um padrão de perfeição moral — o que é uma ilusão — merece ser descartado.

Só que eles ignoram a parte do crescimento pessoal e da espiritualidade em que aprendemos com os outros, em que demonstramos compaixão, em que não se pode "fazer o trabalho" se não partir de um lugar de amor radical, tanto para si mesmo quanto para os outros. Cura e liberdade não são sobre suprimir a dor, evitar pessoas difíceis e eliminar o desconforto. E definitivamente não virão apenas de você.

Porém, muitas pessoas que encontro, online e na vida real, procuram apenas informações e relacionamentos que afirmam e defendem seus valores pessoais e sistemas de crenças, mesmo que esses sistemas muitas vezes não sejam avaliados e mesmo que estejam desequilibrados ou quebrados. Elas voluntariamente perdem relacionamentos com os outros porque é mais fácil do que enfrentar seus próprios pontos cegos ou sair de suas zonas de conforto. Constroem fortalezas ao seu redor que são tão difíceis de escapar quanto de penetrar.

Amore, essa abordagem "umbiguista" da cura é uma grande merda. É *na comunidade* que concretizamos as partes mais profundas da nossa cura. Todos nós precisamos de gente. O caminho para a libertação — libertar nosso condicionamento, nos libertarmos da ilusão de que estamos separados e liberdade para repousar no presente com mente fresca e coração aberto — *deve* ser percorrido de mãos dadas. Cuidar de você — isto é, seu corpo, sua mente e seu coração — é apenas metade da equação da libertação. Essa é a jornada que todos conhecemos tão bem: escavamos as profundezas do nosso passado, identificamos e curamos nossos traumas, nos sentimos melhor. E é aí que a maioria de nós para, pensando que o trabalho está terminado. Mas não. A outra metade da equação da libertação requer cuidar de seu ser entre todos os demais — isto é, você e seus relacionamentos, você e sua comunidade, você e todos os estranhos que encontrar.

Quando paramos na primeira metade da equação da libertação — quando deixamos para trás outras pessoas —, abrimos mão de muita coisa. O crescimento não pode ocorrer no vácuo, meu bem! É tudo sobre os choques e aprendizados que nossa vivência tem quando em contato com as outras. Temos que nos compartilhar e nos envolver com os demais, porque o caminho para a libertação total é cultivado apenas por meio do relacionamento. Deixar que o trabalho que fizemos em nossas cabeças beneficie apenas a nós mesmos é uma forma distorcida e egocêntrica do caminho espiritual, reduzindo-o a uma ferramenta para o narcisismo disfarçado. O objetivo não é apenas melhorar sua vida; é melhorar o mundo. A espiritualidade deve ser expansiva — sempre passar de *mim* para *nós*.

Estamos em uma maus lençóis. Somos produtos e vivemos em uma cultura enraizada no individualismo e egoísmo, que nega nossa responsabilidade com os outros e com o mundo. Como minha "Magical Mystery Tour" online causada pela pandemia me mostrou — assim como uma olhada rápida pelas suas redes sociais também mostrará —, até mesmo a maior parte do conteúdo de "bem-estar", "crescimento pessoal" e "espiritualidade" que circula em nossa cultura fala sobre se sentir bem, "manter a paz" e evitar desconforto. Excluir o mundo e outras pessoas. A ironia é que muito do que ansiamos na vida — seja esse anseio por bem-estar pessoal, amor romântico, amizades gratificantes, trabalho com propósito ou relações familiares mais saudáveis — está enraizado na conexão autêntica com outras pessoas.

Há uma história bem conhecida no budismo sobre Ananda, o discípulo do Buda. O conto diz que Ananda teve uma visão profunda sobre a importância da amizade na busca da libertação, e estava animado para compartilhá-la com o Buda. "Mestre, é verdade que metade do caminho espiritual é amizade?", perguntou ele, provavelmente esperando algum elogio por essa reflexão radical. Contam que Buda respondeu imediatamente: "Não". É isso mesmo, você leu corretamente. Não. "A amizade não é metade do caminho espiritual. Ter bons amigos é a totalidade de uma vida espiritual", Buda corrigiu Ananda com gentileza.

Espiritualmente, Nós é sobre isso: restaurar a conexão com a espiritualidade e a espiritualidade com a conexão. É sobre o potencial de libertação em cada um de nós e como podemos concretizá-lo por meio de amizades que são sagradas: que sempre alcançam a liberdade, que nos lembram de nosso próprio destino constante em direção ao despertar total, que celebram o milagre da impermanência e que reconhecem que somos todos artistas e que nossas vidas são obras de arte contínuas e colaborativas.

Não há um caminho linear aqui, amor — este não é um livro de instruções — mas nos próximos sete capítulos, viajaremos juntos, explorando os loops, espirais e retornos da equação da libertação. No Capítulo 1, veremos como chegamos aqui, o que está em jogo e como nos tornar disponíveis para a amizade sagrada. Nos Capítulos 2 e 3, nos aprofundaremos na amizade sagrada — o que *não* é, bem como o que *é*, para evitar velhos padrões de amizade que fomos treinados a pensar que são normais. Saber como é a amizade sagrada é uma coisa, mas sustentá-la é outra se estivermos sempre verificando ou construindo barricadas quando as coisas ficarem desconfortáveis.

Então, no Capítulo 4, veremos por que precisamos parar de evitar conflitos. Exploraremos como os gatilhos podem ser uma coisa boa, bem como a diferença entre limites saudáveis e cercas de arame farpado.

No Capítulo 5, veremos o que está do outro lado do conflito e como chegar lá com estratégias de comunicação para uma conexão real. Você pode derrubar seus muros, mas ainda precisa sair da rota para que a amizade sagrada floresça.

No Capítulo 6, exploraremos um dos maiores obstáculos para nos permitir realmente nos conectar — a vergonha, e como superá-la.

Finalmente, no Capítulo 7, com a base de todo o trabalho árduo que vocês têm feito, avaliaremos nosso carma, aprendendo que é preciso apenas que poucos de nós assumamos o compromisso de nos tornarmos amigos sagrados para curar o mundo inteiro. Por toda a obra, exploraremos maneiras simples de ser um ímã para a amizade e a conexão na vida cotidiana.

A sabedoria e as práticas que compartilho neste livro nascem da minha própria experiência de aprender a me relacionar com todos, desde meus próprios irmãos até estranhos na rua e pessoas com quem tive uma história difícil, e são uma parte contínua da minha prática espiritual. Elas saem do meu coração em direção ao seu e mudarão seu estado interior para ajudá-lo a entrar no mundo sentindo-se mais "Espiritualmente, Nós".

Use-as ao ler o livro e as retome sempre que tiver que se relacionar, se envolver, falar, servir... Estas são as práticas que o ajudarão a entrar, fortalecer e reforçar ou suavizar-se antes de se relacionar com os outros. Domine essas práticas e, quando entrar no mundo, terá total confiança de que pertence à comunidade. Você saberá que apresentou todo o seu poder, o seu melhor.

No decurso da minha própria jornada (que ainda está acontecendo) para viver toda a minha incrível verdade, li inúmeros livros e participei de muitos workshops, treinamentos e retiros de meditação, tudo em um esforço para aumentar minha prática e compreensão de mim mesmo. Voltei-me para dentro, trabalhando na minha cura individual, concentrando-me no meu eu individual. E mesmo que esse trabalho tenha me levado a um lugar onde me senti mais em paz comigo mesmo do que nunca, foi quando apliquei minha prática externamente que vivenciei as mudanças mais radicais em minha própria consciência.

Em minhas amizades, família e relacionamentos, tenho e dou apoio. Com os meus, sou celebrado por toda a minha glória estranha, ousada e maravilhosa. E também dou as boas-vindas a todos em sua verdade. Para as pessoas que continuam incapazes de me aceitar como sou, desejo bênçãos, mas consigo ver que não são "meus". Ainda não, pelo menos. Ser capaz de discernir entre quem pertence à minha vida e quem está apenas "de passagem" é outro subproduto feliz da minha jornada de cura. Não perco mais meu tempo ou energia me preocupando em impressionar as pessoas ou convencê-las a gostar de mim. Apenas me mostro em plenitude de poder e confio que as pessoas certas para mim reagirão.

Há um ditado que costuma ser atribuído ao Dalai Lama que diz: "podemos viver sem religião e meditação, mas não podemos sobreviver sem afeto humano". Se você levar uma única coisa desse livro para a vida, minha intenção é que saiba que não está sozinho, que não está destinado a ficar sozinho e que o florescer da sabedoria acontece lado a lado com as pessoas.

Capítulo 1

Precisamos Uns dos Outros

Vamos começar do início. Não entenda mal, amado: este não é um livro sobre como fazer amigos. Calma, como assim? Este capítulo não se chama "Precisamos Uns dos Outros"? Este livro não se chama *Espiritualmente, NÓS*? Sim, e sim. Veja, meu doce, tudo bem termos o assunto "fazer amigos", claro — ainda mais em livros de desenvolvimento pessoal. Mas este não é o caso. Não estamos no reino do "bem-estar", ou do "crescimento". Não. Estamos no caminho de alto risco da libertação espiritual — e *sua liberdade só se concretiza verdadeiramente no contexto do outro. Esse é* o princípio orientador deste livro.

Ok, sei que me empolguei um pouco. Foi um coice brabo, até para meus padrões. Mas o bagulho aqui é sério. É lindo, é alegre? É, mas também é um alerta. Estou soando o alarme: não é possível se libertar sozinho. Não há liberdade sem uma conexão significativa com outras pessoas. Precisamos uns dos outros.

O problema é que muitos de nós esquecemos isso. Estamos vivendo no meio de uma epidemia de solidão, que nos deixa doentes de corpo e alma. Nossa cultura trata a "necessidade" como se fosse uma doença, quando na verdade é o contrário: nosso culto ao individualismo está nos deixando doentes e nos aprisionando em um mundo de delírios. Assim que começarmos a reconhecer o quanto precisamos um do outro, baby, então estaremos no caminho da liberdade, da construção de amizades *sagradas* — fundadas na verdade fundamental da nossa bondade inerente — que nos empoderam para viver vidas ousadas cheias de amor radical, por nós mesmos, uns pelos outros e por todo esse mundão da porra.

Mas só mergulhar na amizade sagrada quando fomos condicionados por tanto tempo por uma cultura que é toda sobre *mim, eu mesmo e euzinho*, uma cultura que está mal equipada para dar suporte a uma mudança tão radical, é uma tarefa difícil. Afinal, como nos recuperamos em uma sociedade doente, na qual mais pessoas do que nunca vivem sozinhas, na qual nos conectar virtualmente é o novo normal e onde temos cada vez menos chances de compartilhar nosso eu autêntico com outra pessoa? De acordo com a citação atribuída a Jiddu Krishnamurti, um dos maiores pensadores do século XX sobre o tema da humanidade compartilhada: "Não é medida de saúde estar bem ajustado a uma sociedade profundamente doente".

Começamos desajustando. E fazemos *isso* começando onde estamos, no momento presente, com nós mesmos — confrontando nossa solidão, praticando a amabilidade radical, aprendendo a enxergar no escuro, abraçando o paradoxo e aceitando o fluxo do carma (o destino que herdamos e o destino que criamos como resultado de nossas ações) através de nossas vidas. Só então podemos nos tornar disponíveis para a amizade sagrada.

Está pronto, docinho? Pegue minha mão. Vamos lá — juntos.

A Epidemia de Solidão

Sextou com S de solidão. Vamos falar dela. A emoção que traz tanta vergonha. Por quê? Ué, minha flor, você não recebeu o recado? Você deveria saber como se acalmar; como ser capaz de cuidar de si mesmo; como ficar bem por conta própria. Pedir ajuda ou *precisar dela* é uma admissão de fracasso. Não consigo nem contar quantas vezes ouvi alguém declarar, enquanto falava sobre o parceiro: "Eu o quero, mas não preciso dele", como se isso fosse uma medalha de honra. "Eu preciso de ajuda", "Eu preciso de você", "Eu preciso de alguém." Eeeeca. Você é o quê? Insegura? Codependente?

É tão errado assim precisar dos outros? (Pessoalmente, acho que nossa aversão a "precisar" decorre mais do medo da vulnerabilidade do que de qualquer outra coisa, mas aguente aí — vamos falar disso depois.) Talvez você esteja se lembrando de relacionamentos passados — com amigos, familiares ou colegas de trabalho, não apenas parceiros românticos — nos quais você ou a outra pessoa era, de fato, codependente. Não é disso que estou falando. A codependência é uma forma *disfuncional* de necessidade na qual uma pessoa é excessivamente dependente — psicológica, emocional ou ambas — do apoio de outra. Essa pessoa possibilita o comportamento autodestrutivo do outro, seja ele produto de vício, imaturidade, saúde mental precária ou outros desafios. Normalmente, o codependente negligencia suas próprias necessidades e não impõe limites saudáveis. É tudo sobre precisar de alguém às custas de suas próprias necessidades. Quero deixar claro que este não é o tipo de necessidade do qual estou falando aqui.

Quando digo "precisar", estou me referindo a uma dinâmica natural sob a qual todos nascemos. Ao nascer, somos impotentes. Precisamos que nossos cuidadores nos sustentem. Nascemos em uma família e, desde os nossos primeiros momentos, estamos em relacionamento com nossos principais cuidadores, sejam eles nossos pais ou responsáveis, com nossos irmãos, se os tivermos, talvez com a família estendida e a escolhida. Essa família existe dentro de uma comunidade. À medida que crescemos, nos juntamos mais ativamente a essa comunidade. Vamos à escola, nos juntamos à mão de obra, talvez façamos parte de uma igreja, mesquita, sinagoga ou outra comunidade espiritual. Estabelecemos amizades, buscamos relacionamentos, companheirismo e amizade em todas as fases da vida, não porque somos codependentes, mas porque somos levados biologicamente a estar em relacionamento, a precisar dos outros como parte de nossa sobrevivência como humanos. Estar no relacionamento e na comunidade nos ajuda a nos abrigar da tempestade porque nos torna literalmente mais saudáveis, porque é uma prática contínua que nos ensina a melhorar, porque a conexão uns com os outros e, portanto, com algo maior do que nós mesmos, não só nos faz sentir bem, mas também gera o bem, e porque, se quisermos ser verdadeiramente livres, só podemos fazê-lo em seu contexto.

Precisarmos uns dos outros é a coisa mais natural que existe. Temos que desaprender a ideia de que a necessidade é igual à fraqueza e recuperar o amor, o carinho e a amizade como nosso direito de nascença. Nossas vidas e espíritos dependem disso.

Mas não podemos nem começar a fazer isso se não olharmos para a solidão sem desviar os olhos dela. Não há nada de vergonhoso nela. Pense nisso como um dos sistemas de alarme da sua psique, alertando-o de que uma necessidade fundamental não está sendo atendida: sua necessidade de conexão. O trabalho inovador do neurocientista Dr. John Cacioppo, que, com seu colega, Gary Berntson, fundou a disciplina da neurociência social, descobriu que a solidão é um sinal, como a fome, sinalizando-nos para agir a serviço de nossa sobrevivência. A pesquisa do Dr. Cacioppo demonstrou que a solidão crônica enfraquece nosso sistema imunológico e aumenta a probabilidade de morte prematura em 20%.[1]

A pesquisa associou o isolamento social (contato infrequente com outras pessoas) e a solidão (a sensação de estar sozinho, independentemente da frequência do contato com outras pessoas) a riscos mais altos para diversas condições físicas e mentais: processos inflamatórios, hipertensão, doenças cardíacas, obesidade, diabetes tipo 2, declínio cognitivo, demência, mal de Alzheimer, ansiedade, depressão, tentativa de suicídio, entre outros.[2]

Somos levados a nos conectar, então quando não estamos nos conectando, simplesmente não estamos vivendo na verdade de quem somos. Não é surpreendente, então, que em um estudo recente, descobriu-se que pessoas (principalmente homens) que possuíam traços de personalidade narcisistas (traços antissociais tóxicos para os relacionamentos) tinham níveis muito altos de cortisol na saliva.[3] A superexposição ao cortisol e a liberação dos hormônios do estresse que ele desencadeia podem atrapalhar quase todos os processos do seu corpo. Não apenas isso, mas estudos também mostram que altos níveis crônicos de cortisol colocam os indivíduos em maior risco de problemas de saúde a longo prazo, particularmente de eventos cardiovasculares. Isso é impressionante para mim, porque volta ao coração. Literalmente, a saúde do seu coração reflete a saúde da sua mente.

Você está começando a mapear o fio da solidão? Ficamos em sofrimento quando temos fome de conexão. É simples assim.

E, no entanto, a verdade amarga é que, como sociedade, estamos mais solitários do que nunca. Uma pesquisa nacional de 2021 com adultos americanos conduzida pela Harvard Graduate School of Education descobriu que 36% de todos os entrevistados relataram sentir "solidão séria", indicando que nas quatro semanas anteriores à pesquisa, eles se sentiram solitários "frequentemente" ou "quase o tempo todo" — mas que *61% dos jovens adultos* entrevistados relataram vivenciar solidão séria.[4]

Em uma pesquisa de 2018 com 20 mil pessoas conduzida pela gigante de seguros Cigna usando a amplamente reconhecida Escala de Solidão da UCLA, 2 em cada 5 pessoas relataram que suas relações sociais não eram significativas, enquanto os entrevistados da Geração Z (entre as idades de 18 e 22 anos) relataram as maiores taxas de solidão.[5] Além disso, houve um aumento de 30% nos suicídios nos Estados Unidos entre 2000 e 2016.[6] Essas estatísticas são devastadoras, mas, ao confrontá-las diretamente, não podemos negar a verdadeira crise de saúde pública que a solidão apresenta.

Querendo entender melhor como a solidão pode ter efeitos tão impactantes no corpo, conversei com a Dra. Rachel Wurzman,[7] neurocientista e neuroética que estuda o papel das necessidades sociais e relacionais na cura de traumas e vícios. A Dra. Wurzman explicou que, quando passamos por alguma dor social, como vergonha, rejeição e isolamento — todos capazes de gerar solidão — nosso cérebro os processa como se fossem dor física, usando os mesmos caminhos. O problema é, como a Dra. Wurzman descreveu, "Quando você está com dor física, seu corpo aumenta certos hormônios do estresse que causam mudanças fisiológicas, para que você possa se defender de lesões e limitar seus danos a curto prazo. A curto prazo, então, esses hormônios do estresse são protetores. Mas quando somos expostos a esses hormônios a longo prazo, como ocorre na dor crônica, desenvolvemos condições crônicas de saúde". Mas lembre-se: para todos os efeitos, *nossos cérebros não conseguem diferenciar dor física e dor social*. Vou passar o microfone de volta para a Dra. Wurzman para que ela possa terminar de hablar: "O que é fascinante, portanto, é que a dor social pode levar aos mesmos tipos de efeitos que qualquer forma de estresse a longo prazo". Em outras palavras, a dor social pode nos deixar literalmente doentes.

Ela também tem o efeito de aumentar a sensibilidade do sistema de recompensa do cérebro — em outras palavras, nos torna mais propensos à automedicação, a buscar alívio da dor. Segundo a Dra. Wurzman, as partes do nosso cérebro que sequestram nossos reflexos físicos de dor para processar a dor social — o córtex cingulado anterior e o córtex cingulado anterior medial — também têm entradas no estriado ventral, a parte do cérebro envolvida no vício e na resposta ao estímulo. Então, quando nos privamos da conexão social, aumentamos a sensibilidade do sistema de recompensa.

O que isso significa? Que pessoas solitárias — ainda mais aquelas em isolamento social, seja como resultado de trauma e vergonha ou por outras razões — responderão a comportamentos viciantes de maneira muito mais acentuada do que alguém com uma vida social saudável. Pode-se entender que indivíduos solitários são mais suscetíveis ao vício, seja por comida, drogas, álcool, TV, sexo ou pornografia, por causa do sistema de recompensa intensificado de seus cérebros. Simplificando, a solidão impulsiona o vício e os comportamentos viciantes. Quase 21 milhões de americanos têm pelo menos um vício. As mortes por overdose mais do que triplicaram desde 1990. Temos uma população de pessoas literalmente famintas por conexão se voltando para maneiras pouco saudáveis de lidar com a situação.

Como uma pessoa sóbria, é claro que eu estava interessada na opinião da Dra. Wurzman sobre recuperação e solidão. Estas foram suas palavras: "A recuperação do vício parece envolver [...] uma redução das coisas que separam os [viciados] das outras pessoas, coisas essas que podem ser culpa e vergonha. A culpa e a vergonha fazem mais uma coisa: nos separar da nossa fonte. As interações com a comunidade e as interações com um poder superior têm um pouco da mesma função no cérebro". Por que a comunidade e as interações com um poder superior teriam a mesma função no cérebro? Porque ambas são sobre conexão, docinho — com algo maior do que nós mesmos. É isso que estamos dizendo, mana! As experiências espirituais são inatamente sociais, e as experiências sociais são inatamente espirituais. A recuperação do vício, ou qualquer cura, requer conexão social.

Ouviu isso, flor? Ninguém precisa ou merece ficar sozinho! Somos programados para nos conectar, prosperamos em conexão, estamos destinados a fazer parte da comunidade. Somos um corpo social, um interser. Repito: conexão não é apenas atender às suas necessidades, amore. *É sobre o que é melhor para todos.*

Porém, sejamos realistas... a sociedade não nos preparou para o sucesso nesse aspecto. O que buscamos — uma conexão significativa, uma comunidade unida — e a sociedade em que vivemos são completamente incongruentes. Aqui nos Estados Unidos, não há nada que amemos mais do que a "independência". O individualismo é praticamente a nossa religião. Adoramos um individualista. Nossos mitos nacionais são sobre homens feitos por eles mesmos. No entanto, pervertemos o que a independência significa e a transformamos em um valor do tipo tudo ou nada. Nossa cultura tem uma perspectiva muito binária — as coisas são muitas vezes "ou isso ou aquilo" e quase nunca "isso e aquilo". Quando se trata de independência, o binarismo dita que nossa única outra opção é a dependência (bate na madeira!). Esquecemos tudo sobre a verdade da interdependência e que precisar de outras pessoas não impede que tenhamos um espírito independente.

E o capitalismo exige nossa adesão a esse sistema de valores. Não me entenda mal; todos nós precisamos ganhar a vida, e não há nada de errado em desejar renda suficiente para viver uma vida em que atender às suas necessidades diárias não seja um problema. Mas a competição feroz que nossa cultura nos faz passar todos os dias para sobreviver está nos deixando tão estressados que ficamos completamente insensíveis às nossas próprias necessidades e às dos outros. Entorpecidos. Somos, então, totalmente incapazes de ouvir nossos mundos internos, muito menos ouvir uns aos outros, e somos mais propensos a nos automedicar neste estado: a boa e velha solução rápida — drogas, álcool, TV, redes sociais, compras... é só escolher.

Nossa cultura cultua o dinheiro. Adoramos dinheiro e internalizamos a ideia de que obtê-lo é praticamente um jogo de soma zero. Transformamos bilionários em heróis à medida que os ricos ficam mais ricos e as classes média e trabalhadora em declínio se aproximam da pobreza. E mesmo que a maior parte da riqueza seja geracional (se isso não é dependência, o que é?), gostamos de fingir que os ricos ganharam suas riquezas por meio de uma meritocracia que não existe. Acreditar nisso diminui a dor de saber, no fundo, que o racismo institucionalizado, a desigualdade econômica e os interesses corporativos indicam que o jogo é manipulado. A noção de que todos temos oportunidades iguais simplesmente não é verdadeira.

Está tudo conectado. Vamos encarar: nossa cultura está enraizada em valores falhos, que nos separam de nossa humanidade comum, que são um anátema para a comunidade, que incentivam a conexão superficial e que alimentam a solidão. Esses valores não estão apenas nos deixando literalmente doentes, mas também estão limitando a possibilidade de uma verdadeira cura — para nossos corpos, sim, mas também para nossas almas.

O modelo que diz que não precisamos uns dos outros falhou conosco. E para ele, eu digo: "Não, obrigado". Deixe-me ser o primeiro a ser vulnerável e dizer que estou sozinho, preciso de ajuda, preciso de amor, preciso de você. Nos meus anos buscando e crescendo como o professor que sou hoje (e ainda crescendo!), aprendi a encontrar poder nessas declarações — porque elas são a verdade. Precisamos uns dos outros. Nossa saúde e bem-estar, tanto corporal quanto espiritual, estão inextricavelmente ligados à saúde e ao bem-estar das pessoas ao nosso redor, bem como ao nosso meio ambiente. É por meio do relacionamento que o próximo nível da nossa jornada de cura, a nossa libertação, acontece. A resposta para nossas crises gêmeas de solidão e estagnação espiritual está em passar de *mim* de volta para *nós* — de volta para a comunidade, de volta à conexão autêntica.

Amabilidade Radical

Talvez "conexão autêntica", para você, pareça um jargãozinho, ou uma frase meio kumbaya, como se a sua alma precisasse cintilar com a alma de todos que encontrar. Mas o que quero dizer é algo mais simples: uma interação, uma conexão, na qual duas pessoas realmente se *veem e se sentem vistas* como os humanos únicos que são em sua bondade incólume, por mais fugaz que seja esse momento. E isso começa com a amabilidade radical.

Eu sei, eu me passo um pouquinho no amor à palavra "radical". *Talvez* meu editor tenha me pedido mais de uma vez: "Por favor, Sah, encontre outra palavra". Talvez porque sou dos anos 1980, mas prefiro pensar que é porque nenhuma outra palavra define tão bem o que vou pedir para você fazer: desenterrar as raízes de nossas formas convencionais de percepção para que possamos semear uma maneira nova e profundamente diferente de perceber a nós mesmos e aos outros. Porque é isso que "radical" significa, literalmente — a palavra deriva do latim tardio *radicalis*, que significa "raiz". E em seu uso maravilhoso, delicioso e irresistível (pelo menos para mim) como adjetivo, passou a significar o que é profundamente diferente de um método ou ideologia existente. Então, por que amabilidade *radical*?

A amizade está no coração de *Espiritualmente, Nós*, mas não a amizade como a conhecemos, que muitas vezes é transacional e condicional. Não. Aqui estou falando da amizade sagrada, que começa e é construída sobre a amabilidade radical. O que isso significa? Bem, quando somos capazes de lidar com o mundo a partir de um lugar de amabilidade radical, isso significa que estamos libertos o bastante — de nosso condicionamento, de nossos preconceitos e da ilusão de que estamos separados — para ver todas as pessoas com amor.

Você pode estar pensando *tá, legal isso tudo, mas eu sou só humano. Já não gosto de todos, que dirá amar. Por que eu iria querer amá-los?* Justo. A questão é a seguinte: não estou pedindo que você "goste" de todos que encontrar. Não se trata de sua resposta emocional àqueles que surgem em seu caminho. É exatamente o oposto. As emoções são sempre sobre *você, não sobre a outra pessoa* — elas surgem do *seu* condicionamento e de sua criação de significado; são impermanentes e fugazes. O amor que alimenta a amabilidade radical é o *amor radical*. Misericórdia, essa palavra com R de novo, não (sei que todos estamos pensando nisso). Mas, olhe, quando falamos de amor, geralmente estamos falando de um sentimento. O amor radical não é um sentimento. É uma aceitação de que somos todos intrinsecamente bons.

O que significa ser intrinsecamente bom? Significa que todos — cada pessoa — possuem uma natureza fundamental que é intrinsecamente pura e que todos os seres sencientes têm um potencial inerente de libertação. Todo o resto — maldade, malevolência, transgressão — emerge da ilusão, da desilusão e do condicionamento. A bondade basal está sempre lá — não precisa ser conquistada. A humanidade não precisa ser perfeita, ao nosso gosto, ou sem complicações para ser merecedora de amor. Ela é, e, portanto, é amada. Você é, e, portanto, é amado. Todos os seres vivos se bastam, assim como são, e são dignos de amor. Quando você anda pelo mundo guiado pelo amor radical, pratica a amabilidade radical com todos que encontra.

Conhecer pessoas com amabilidade radical não significa que você "se apaixona" por todas as pessoas que encontra na rua; significa que se compromete a ver a bondade delas e a não encará-las com julgamento, medo ou insegurança. Esta, minha amiga, é a base de *Espiritualmente, Nós*: não somente podemos amar todos os seres vivos, mas devemos. Lembre-se, no trabalho pela libertação espiritual, apenas 50% ocorre entre você e você mesmo — os outros 50% se dão entre você e outras pessoas. A mentalidade do "nós" é, portanto, uma iniciação, um convite e um desafio para aceitar uma prática sagrada e vitalícia de amor radical.

Claro, a maioria de nós está fora de prática, ou sobrecarregada demais para saber por onde ou como começar. E está tudo bem. Afinal, eu disse *prática*. E isso é tudo o que sempre será — prática, não perfeição — porque o caminho para a libertação não é linear. Ele dá voltas, tem retornos, tem becos sem saída, sempre servirá novas oportunidades de crescimento a você, especialmente à medida que alterna entre o trabalho feito em si mesmo e o trabalho feito entre você e os outros.

É por isso que gosto de começar a praticar a amabilidade radical no mundo por meio de *interações sociais conscientes* com estranhos ou conhecidos. Praticar amabilidade radical com pessoas com quem não somos superíntimos é, francamente, mais fácil do que mergulhar de cabeça nela com amigos íntimos, familiares ou amores. Nossas dinâmicas com aqueles de quem somos próximos são muitas vezes mais complicadas, emaranhadas, complexas e sobrepostas com nossas próprias narrativas. Começar com estranhos, ou pelo menos pessoas que você não conhece superbem, ajuda a construir sua "memória muscular" (o coração é um músculo, afinal); ajuda a tornar automática a amabilidade radical.

Então, lembra como a solidão e o isolamento social são diferentes? A solidão é um sentimento subjetivo, diferente para cada pessoa. O isolamento social é sobre quanto contato se tem com outras pessoas. Algumas pessoas podem ter pouco contato com outras e não se sentir sozinhas. Algumas podem ter muito contato com outras, mas ainda se sentir sozinhas. Eu diria, na verdade, que esse é o caso da maioria de nós. O problema é que, no geral, a qualidade desse contato é muito ruim. Podemos não estar socialmente isolados, mas não estamos socialmente integrados. A integração social é, na verdade, saber o nome do seu carteiro; é descobrir que o barista que faz seu matcha latte todas as manhãs é um estudante de cinema; é perguntar o que o filho do seu médico está achando de morar na cidade grande para a qual acabou de se mudar; é ajudar seu filho a fazer um cartão de aniversário para o professor; é levar um café para quem trabalha na recepção do seu prédio comercial. Quando estamos socialmente integrados, nos conectamos com as pessoas ao nosso redor, mesmo que apenas por alguns momentos, de uma maneira significativa que ressalta que suas vidas são tão reais, importantes e complexas quanto as nossas. Estamos fortalecendo o músculo da amabilidade radical.

Infelizmente, há um fenômeno cultural na América do Norte que eu gosto de chamar de "Oi-como-você-está-bem". É a troca social repetitiva e irracional que usamos para nos movermos ao longo das transações que compõem grande parte dos nossos dias. Essas trocas são praticamente inconscientes e muito automáticas. Eu sei, eu sei, estamos todos "ocupados". Estar ocupado é como o segundo pilar da identidade americana — todos devemos ser mão de obra produtora e produtiva! Mas dedicar um minuto extra aqui e ali ao longo do dia para falar com alguém conscientemente, não de forma automática, não fará diferença no cumprimento de um prazo iminente ou não (no entanto, ficar conscientemente rolando a tela nas suas redes sociais fará, mas abordaremos isso daqui a pouco).

Prática: Interações Sociais Conscientes

Como iniciar uma interação social consciente? Primeiro, invista na realidade dessa pessoa. Isso significa lembrar que, assim como a sua, a vida dessa pessoa é plena. Assim como você, ela têm objetivos, sonhos, desejos não satisfeitos, alegrias e tristezas, triunfos e traumas. Ela é real, viveu uma vida específica, então tente começar com: "Qual é o seu nome?" Da próxima vez que a vir, pergunte isso. Pode parecer pequeno, mas quando aprendemos o nome de uma pessoa, é menos provável que a reduzamos apenas ao seu "papel" em nossas vidas. Com o tempo, as interações sociais conscientes criam conexão.

Perguntar como uma pessoa está deve ser tratado como a pergunta sagrada que é, mas é uma pergunta difícil de responder. Seja específico: "Conseguiu sobreviver à correria de hoje de manhã?" convida uma resposta específica, uma fuga das respostas "bem" e "ocupado". É uma maneira implícita de perguntar "Como você está?", enquanto reconhece a textura e o contexto do momento. É claro que nem sempre estamos em um estado mental favorável a interações significativas. Às vezes não estamos nos sentindo bem, ou estamos preocupados, ou estamos com muita pressa. Quer saber? Quando for assim, nem pergunte. O objetivo é querer fazer. Nunca devemos perguntar "Como você está?" sem querer saber a resposta e sem estar pronto para uma resposta real. Você ainda pode ter uma interação social *consciente* nesses momentos — diga olá, faça contato visual, expresse um agradecimento sincero. Seja conduzido pelo coração no momento presente.

Quando pergunta "Como você está?" e quer mesmo saber a resposta, você está mudando a cultura, começando por si mesmo — está ajudando ativamente a desfazer o fingimento, a solidão e o isolamento da vida como a conhecemos. Interações sociais conscientes aprofundam nossa integração social e nos ajudam a praticar nossa amabilidade radical. Pratique caminhar pelo mundo como um amigo radical: conheça pessoas no ato, sem narrativas sobre quem são. Para isso, não presuma que sabe quem uma pessoa é ou o que ela está passando com base em indicadores externos, como seu trabalho, sua aparência ou seu status de relacionamento.

Lembre-se de que cada pessoa que você encontra está lidando com coisas da vida real, para o bem ou para o mal, seja um pai doente, uma batalha para pagar o aluguel ou o nascimento de um filho tão esperado — e que você não tem como saber. Lembre-se do que sabe: ela é intrinsicamente boa e você não é a estrela da realidade de todos.

SABER QUE VOCÊ NÃO É A ESTRELA DO SHOW NÃO É APENAS SOBRE TER UM ego saudável — é sobre ter em mente que a forma como as outras pessoas o tratam raramente é pessoal. Mesmo quando lidamos com o mundo com amabilidade radical, podemos receber um tratamento diverso — e tudo bem. Porque se consideramos que amabilidade radical é saudar os outros com amor — lembrando que eles são naturalmente bons — também estamos dizendo que é sobre *abrir espaço para as pessoas como são agora*. E quando abrimos espaço para os outros, também abrimos para nós mesmos.

Em um sentido literal, quando abandonamos nossas histórias e preconceitos sobre outras pessoas, abrimos espaço em nossas mentes; reduzimos a desordem mental. Mas também criamos um tipo diferente de espaço para nós mesmos quando consideramos as pessoas como são agora, dignas de amor — um espaço de graça. Quando praticamos a amabilidade radical e nos conectamos repetidamente com a verdade da bondade fundamental dos outros, quando nos lembramos de que todas as pessoas são dignas de amor tal como são, não nos pode escapar que *somos* parte do "todo". Quanto mais praticamos a extensão do amor radical aos outros, mais percebemos que também o merecemos. Trombar com essa realidade nua e crua pode ajudar a suavizar o rigor com que tendemos a nos tratar. Ao fazer isso, criamos espaço para o santuário dentro de nós mesmos. O negócio é o seguinte: precisamos de espaço se quisermos convidar outras pessoas.

Praticar a amabilidade radical é tão poderoso porque nos ajuda a limpar nossas mentes de pensamentos negativos e falsas narrativas que não se originaram da nossa verdade — que as pessoas são inatamente boas — e que nos impedem de nos envolvermos com nós mesmos e com os outros da maneira honesta e vulnerável que a amizade sagrada exige. Quanto mais abrimos espaço para os outros, aceitando que são suficientes assim como são, mais abrimos espaço para nos aceitarmos. Desta forma, a amabilidade radical nos permite enfim abrir a porta para o nosso santuário interior —

ele não está mais *totalmente* bloqueado pelas embalagens fechadas, casacos velhos e peças soltas dos nossos cacos psicológicos.

Aprendendo a Ver no Escuro

O problema é que a maioria de nós não quer convidar pessoas para entrar — quer estejamos conscientes ou não — porque o espaço, o santuário interior, não está organizado. Nossos lares internos estão um desastre e evitamos dedicar tempo para limpá-los. "Evitar" é a palavra-chave aqui, amore.

Amizades rompidas que não consertamos, comportamentos descontrolados que não confrontamos ou não queremos confrontar em nós mesmos, valores equivocados, estilos de vida incongruentes com o que dizemos acreditar, perdas, dores, arrependimentos, vergonha, medo — tudo o que queremos evitar ou não queremos encarar, enfiamos nos armários da nossa psique, jogamos no quartinho de bagunça, escondemos debaixo da cama, empurramos para um canto...

Está bagunçado; lotado; cheira a caixas de pizza velhas, borra de café, mofo, fumaça de cigarro velha e algo não identificável, mas azedo — talvez o vinho que alguém derramou no tapete da última vez que você tentou dar uma festa; a mancha ainda está lá. Há todos os tipos de coisas desagradáveis acontecendo nesta casa interna. Não há um refúgio disponível. Em outras palavras, sua casa é nojenta para você, que está envergonhado e definitivamente não há como convidar alguém, muito menos deixar essa pessoa entrar. Então, sobrecarregado e com medo de ver a bagunça, você apaga as luzes e a deixa às moscas. Fica com medo do escuro e do que ele abriga.

Portanto, não importa o quanto pratiquemos a amabilidade radical, não teremos espaço suficiente dentro de nós mesmos, nem nos sentiremos seguros o suficiente conosco para convidar outras pessoas, a menos que também limpemos a bagunça para nos conectarmos de maneira mais profunda. A limpeza começa acendendo as luzes. Afinal, sem enxergar não é possível saber o que guardar e o que jogar fora. Não dá nem para andar pela casa, e ninguém quer tropeçar no escuro e quebrar um tornozelo. Mas acender as luzes é complicado. Talvez as lâmpadas tenham queimado por anos de negligência. Talvez a energia tenha sido cortada. Elas podem estar funcionando — mas ligar o interruptor pode nos ofuscar; todos nós experimentamos a desorientação e a perda de visão quando saímos repentinamente das sombras para a luz do sol. A parte mais difícil de acender as luzes, no entanto, é o medo do que podemos ver. Pode parecer contraintuitivo, mas para acender as luzes, primeiro temos que aprender a ver no escuro.

Quando escolhemos limpar nossas casas, temos que escolher primeiro integrar nossa escuridão, aceitá-la em vez de punir a nós mesmos — ou aos outros — por tê-la. As pessoas fazem todos os tipos de coisas ruins, inábeis e destrutivas no mundo porque estão agindo em reação à sua escuridão; estão desorientadas pelo caos dentro delas e agem de acordo com isso.

O que significa integrar sua escuridão? Significa aprender a estar com ela — simplesmente estar ali, com sentimentos difíceis ou desconfortáveis. Nossos olhos se adaptam à escuridão — pense em quando você vai para a cama pela primeira vez à noite: inicialmente, o quarto parece escuro como breu, mas gradualmente, momento a momento, seus olhos se recalibram. A forma sombria que paira para o lado se transforma em um roupão de banho pendurado na parte de trás da porta. Os objetos indistintos espalhados em sua mesa de cabeceira voltam a ser coisas separadas — um livro, um telefone, uma caixa de lenços de papel.

Quando criança, talvez tenha ficado com medo daquele roupão de banho, convencido de que era o bicho-papão vindo pegar você. Mas como adulto, sabe que é apenas uma questão de percepção. Nossas mentes podem funcionar da mesma maneira. Quando você não tem medo da escuridão e consegue estar com ela, sua mente se recalibra. O difícil é estar disposto.

Estar com sua escuridão é mais fácil se você lembrar que sua mente *vai* pregar peças — confundirá sentimentos com histórias. É só se preparar para isso. O cadarço velho jogado no chão vai parecer uma cobra. Sua mente mostrará instantaneamente todas as vezes que você foi mordido por uma e todas as maneiras pelas quais esse animal pode mordê-lo no futuro. Mas a realidade é que não é uma cobra. É apenas um cadarço sem qualquer significado inerente. O único significado que ela tem é o que você atribui a ela. Sentimentos difíceis ou desconfortáveis são cadarços, não cobras.

Ter em mente que os sentimentos não têm significado inerente é fundamental para integrar sua escuridão. Sim, alguns sentimentos têm caráter inflamatório. Por quê? Quando somos atingidos por uma grande emoção, normalmente a processamos não pelo que é, mas pelo que pensamos que é. Nossa máquina de criar significados entra em ação. Criamos uma história.

Digamos que acabou de falar ao telefone com seus pais. Eles avisaram que não poderão participar de um evento importante para você. O sentimento de rejeição inunda seu corpo. Está lembrando todas as vezes que eles te decepcionaram no passado, e agora está contando uma história — *eles não se importam comigo; não sou importante para eles; se me amassem mesmo, estariam lá*. Você processa a emoção de tal forma que ela se torna *sobre você* e, como resultado, o sentimento dela — a raiva, a tristeza — parece fixo, definitivo, definidor. Esse sentimento doloroso fica calcificado, armazenado dentro de você, ocupando espaço em seu santuário interior. Em vez de deixar o sentimento se mover e se dissipar, o transforma em uma história sobre o seu valor. Essa história dói e você tem medo da dor. Então, o empurra para a escuridão, mas é só um sentimento. É um cadarço, não uma cobra.

A cobra não existe. Muitas vezes, quando entramos em contato com um sentimento difícil, queremos mudá-lo, resolvê-lo, corrigi-lo imediatamente, para fazê-lo desaparecer, porque, no momento em que você toca esse sentimento de, digamos, tristeza, sua mente vai desenterrar toda a tristeza vivenciada e, em um esforço equivocado para protegê-lo, vai inventar um novo conjunto de possibilidades de novos machucados. Em um instante, você será arremessado para o passado e depois lançado para o futuro.

Mas veja bem: você não está no passado, nem no futuro. Está sempre no presente — e seguro consigo mesmo. Os sentimentos não estão aqui, e não podem machucá-lo. Por mais estranho que pareça, por mais que pareçam questões muito pessoais, os sentimentos não são assim; se movem dentro de você, mas não *são* você. Repito, eles não têm significado inerente. Só porque você se sente rejeitado agora não significa que é uma pessoa indigna, ou mesmo que perceberia a mesma conduta como rejeição no futuro. Os sentimentos mudam, vêm e vão, são impermanentes e fugazes. São uma sensação passageira — então deixe essa sensação se desdobrar e seguir em frente, se dissipar, por mais desconfortável que seja. Quando ela passar, você *continuará* em seu corpo, seguro.

Estar com seus ressentimentos não é uma tarefa fácil, e não vou fingir que é. Mas você não estaria lendo este livro se não tivesse a capacidade de fazer coisas difíceis. É verdade que, ao trilhar o caminho da libertação, em um dado momento será preciso cuidar de todos os cômodos da mansão vitoriana precária que é sua psique, caminhar pelos longos corredores e dobrar cada esquina, acendendo as luzes enquanto avança. E ao ficar no limiar de seu santuário interior, você pode se sentir sobrecarregado, o que é razoável. Seria muito mais fácil ignorar algumas salas, até mesmo andares inteiros. Mas não é preciso lidar com tudo de uma vez. Assim como ocorre com todas as coisas, este é um trabalho contínuo. Por ora, você pode (e deve) aprender a ver cem por cento no escuro, começando no ponto em que se encontra atualmente: seu corpo.

O lugar da transformação está dentro do seu corpo. Não há contexto para a cura se você não estiver nele. Por quê? Porque, apenas nesse reino, não estamos perdidos no futuro ou no passado. Em que momento está o corpo? No presente. Em que momento sentimos nossos sentimentos? No presente. Em que momento acontece a cura? No presente.

É meio louco perceber o quanto de nossos dias passamos conceitualizando, narrando, trancafiados em esforço mental, quando a base de nosso caminho espiritual é estar em nossos corpos. Muitas vezes, quando não conseguimos estar em nossos corpos, sintonizar nossos sentimentos e as sensações em nossos corpos, não estamos recebendo vida, estamos criticando-a. Estamos narrando, criando enredos, patologizando. Estamos rejeitando e dividindo, ou pior.

Segundo Pema Chödrön: "A oportunidade mais preciosa se apresenta quando chegamos ao ponto em que achamos que não podemos lidar com o que está acontecendo [...] A maioria de nós não enxerga essas situações como ensinamentos. Automaticamente os odiamos. Fugimos desesperados. Usamos todos os tipos de maneiras de escapar — todos os vícios decorrem deste momento em que nos deparamos com nosso limite e simplesmente não suportamos. Sentimos que temos que suavizá-lo, preenchê-lo com algo, e nos tornamos viciados em qualquer coisa que pareça aliviar a dor".[8] Entretanto, quando você *está* em seu corpo, quando pode ficar nele, é capaz de testemunhar a rapidez, a curta vida útil de um sentimento. Você vivencia o milagre da impermanência.

Prática: Sentando-se com sentimentos desconfortáveis

Quando grandes histórias surgem em sua mente, isso é um sinal de que há grandes sentimentos em seu corpo que precisam de atenção. A prática que veremos agora tem o objetivo de deixá-lo confortável sintonizando esses sentimentos como sensações em seu corpo, sem anexar nenhuma história a eles, para que você possa permanecer no momento presente. Tente executá-la na próxima vez que vier um sentimento desafiador e que você estiver em um lugar em que possa fazer uma pausa e sair um pouco do fluxo do seu dia. Lembre-se, você está seguro consigo mesmo. Os sentimentos não estão aqui para te machucar.

Primeiro, volte sua atenção paciente para o sentimento e dê as boas-vindas a ele. Diga (isso não precisa ser em voz alta), *eu te recebo e te aceito. Aceito que, neste momento, me sinto magoado; aceito que, neste momento, me sinto sem esperança, frustrado* (qualquer que seja a emoção).

Agora, se for seguro, feche os olhos. Respire fundo várias vezes. Envie sua consciência através do corpo, para o pescoço, ombros, tronco, membros, mãos, pés. O que você percebe ao fazer isso?

Pode ser que note um formigamento, uma rigidez; talvez seus olhos estejam secos, suas pernas estejam bambas, seu estômago, sensível. Todas são formas de tensão corporal. Em que local essas sensações são mais presentes? Na sua barriga? Garganta? Ombros? Leve sua consciência para a sensação. Deixe-a tocá-la.

Talvez nesse ponto você sinta a mente trabalhar do nada. "Ah, meu Deus, estou ansioso porque..." você pensa, e então uma história começa a se desenrolar. Deixe-a acontecendo em segundo plano, mas não entre nela. Mantenha a consciência na sensação. Ou seja, em vez de fazer um esforço hercúleo para frear a história — o que redirecionaria sua energia para *ela* —, afrouxe a mão; *não* faça esforço. Solte levemente a história; deixe-a vagar e fazer o que tem que ser feito. Não desperdice energia lutando contra isso. Um mantra útil para essa ocasião é *Largue a história e lide com o sentimento. Largue a história e lide com o sentimento. Largue a história e lide com o sentimento.*

Volte à sensação. Não a patologize. Basta tocá-la com sua consciência, que é intrinsecamente calorosa — pense em como é ser *realmente* visto por alguém, ser testemunhado com olhos de amor. Para sentir o calor da sua consciência. Esse é o calor que você precisa trazer agora para a sensação em seu corpo. Toque a sensação com o calor da sua consciência, processando-a no corpo, deixando-a se fragmentar e se dissipar.

Com o passar da sensação, observe a tensão em seu corpo acabar. Isso é só sobre você. Quando há um grande sentimento em nossos corpos, estamos em um estado de contração. Há tensão no corpo; há tensão na mente. Se há tensão na mente, você não está vendo a realidade com clareza. Sua visão é distorcida pela tensão. Agora, observe como, ao liberar a tensão, seu corpo passa de contraído a relaxado, para um estado de expansão.

Esse estado de expansão ajuda a ver a realidade de uma maneira diferente, porque sua visão não está mais distorcida. Isso significa que, se estiver disposto a ficar com um sentimento, poderá sair com a capacidade de ver os outros de maneira diferente (isso é bem útil em momentos de conflito). Significa que é capaz de ver as experiências de forma diferente. Pode ver que um sentimento é apenas um sentimento e que o significado que vem com ele é algo dado por você, não uma verdade que o sentimento revela.

Com a prática, entrar em seu corpo assim pode ser especialmente revelador quando se está fazendo a transição entre ambientes, como do carro para o estacionamento, do trem para a plataforma ou da calçada para o seu escritório — você entendeu a ideia. Muitas vezes, ao atravessarmos de um lugar para outro, vivenciamos muitas emoções fugazes — e, portanto, sensações corporais — que se movem tão rapidamente que mal conseguimos identificar.

Sintonizar seu corpo nesses momentos pode ajudar a ressaltar e esclarecer a natureza transitória dos sentimentos.

Conforme se sentir mais confortável com essa prática, e se o momento for adequado, encorajo que a teste quando estiver em momentos de tensão com os outros. Todas as sensações tocadas por sua consciência, sem que se associe uma narrativa inteira a ela, acendem a luz em outro cômodo. Este é o caminho para o seu despertar total.

Toda vez que testemunhamos o milagre da impermanência, estamos mais perto da libertação. Ao estarmos com nossos sentimentos e abandonarmos nossas histórias, torna-se mais possível lançar uma perspectiva binária e entender que as coisas não são nem boas nem ruins; elas simplesmente são. Nosso condicionamento se eleva e estamos mais próximos da não dualidade, da compreensão de que não existimos em oposição ou separados uns dos outros.

QUANDO SE APRENDE A VER NO ESCURO, SE PERCEBE QUE NÃO É PRECISO ter medo do que vive nos cantos negligenciados ou evitados de sua mente. Sua percepção pode se adaptar à escuridão, permitindo que você acenda as luzes para que possa começar a descobrir o que deixou lá.

Você está livre, mesmo que por apenas um momento, de formas binárias de pensar e entrou no território do não dualismo, e nele entende que toda a existência está interconectada; é possível ver que tudo o que guardou é apenas um aspecto de sua psique, nem bom nem ruim, e que a forma como se relaciona com isso, até mesmo com o trauma, é relativa ao quão liberto você é. *Não* estou dizendo que eventos ou circunstâncias horríveis não ocorrem ou que eles não nos deixam em cacos — estou dizendo que, quanto mais pudermos integrar nossa escuridão, mais aprendemos ver no escuro e as experiências dolorosas trarão menos *sofrimento*.

Na espiritualidade moderna e na cultura de bem-estar (que gosta de se vestir de espiritualidade), há essa ênfase no "amor e luz". É como uma paródia dela mesma, um meme do Instagram, uma plaquinha motivacional clichê, certo? Eu só sei que você vê o roteiro escrito à mão na sua mente. Porém, isso não é amor e luz — é luz *e* escuridão, sabe? A questão é que, como nossa luz interior está muito mais difícil de encontrar, em desespero buscamos fora de nós mesmos qualquer coisa que traga leveza.

Estamos com tanta fome de estar em contato com o sol que perdemos de vista o fato de que metade da nossa vida é vivida ao luar. Estamos condicionados a rejeitar a escuridão, e ainda assim a escuridão é essencial para o nosso bem-estar. A noite é um tempo de descanso, de restauração, de intimidade — há um quê de gentileza nela. E a noite em si é cheia de vida, de vitalidade. Em Los Angeles, onde moro, flores de jasmim perfumam a escuridão. O mar vem em ondas e esfria a cidade, trazendo consigo o sabor salino do oceano. Os coiotes correm ao longo da espinha dorsal das colinas, as corujas enviam seus chamados ecoantes e os leões-da-montanha saem à caça — lembrando-nos de todo o seu impulso em direção à vida, ao selvagem, mesmo no meio da cidade. A escuridão está cheia de vida.

Quando essa verdade se mantém em nossa mente, é possível começar a aceitar o paradoxo essencial de ser humano — a vida está quase sempre nos servindo um "e" em vez de um "ou". Quando deixamos de aceitar isso, deixamos de aceitar a vida em sua plenitude — ou seja, *as pessoas* em sua plenitude, claro.

Abraçando o Paradoxo

Então você tem praticado a amabilidade radical, limpou seu santuário interior (ou pelo menos está limpando — é um processo contínuo) e está pronto para convidar pessoas. Está se sentindo pronto para a amizade sagrada. E então você se lembra — ou é forçado a se lembrar — de que acha algumas pessoas, bem... irritantes. Sim, você está tentando abrir espaço para outras pessoas como são agora, mas quando essa pessoa é um estranho no trem na hora do rush é uma coisa... quando é um colega de apartamento no seu santuário interior espalhando farelos no seu sofá Togo, o negócio é diferente.

Não importa o quanto você trabalhou seu ser — no contato com outra pessoa, o comportamento dela pode desencadear uma dinâmica doentia, uma maneira antiga de se comportar ou uma resposta automática. Ei, o crescimento não acontece no vácuo! Com algumas pessoas, talvez seja possível saber o que o atrairá, mas com outras, ainda mais conforme novas conexões vão sendo construídas, pode ser difícil prever. A única preparação que se pode fazer de verdade é dar boas-vindas ao desconforto.

Dar boas-vindas ao desconforto é abraçar a mentalidade do paradoxo. Sabe todas aquelas pessoas difíceis em sua vida que você não pode evitar; familiares, colegas de trabalho, de classe, amigos de amigos? Esses relacionamentos exigem uma mentalidade de paradoxo — a disposição de ver as pessoas não apenas como assim *ou* assado, mas como assim *e* assado, abrindo-nos para sermos surpreendidos, até mesmo encantados por elas. As pessoas são contraditórias; podem ser egoístas *e* gentis, mesquinhas *e* generosas, extrovertidas *e* inseguras. Nossas mentes não gostam de contradição; não é confortável tentar manter em mente ao mesmo tempo duas verdades que parecem opostas. Queremos que as coisas sejam arrumadas, ordenadas, categorizáveis, porque isso nos ajuda a entender o mundo — e nos permite sustentar o conforto e a hipocrisia. Contudo, quando rotulamos as pessoas dessas maneiras unidimensionais — “Ele é um desleixado”; “Eles não têm jeito”; “Ela é superficial” — estamos em um lugar de julgamentos limitantes, e já perdemos o enredo.

O paradoxo, por outro lado, desafia nossas crenças, dificulta classificar as pessoas em categorias e exige que reflitamos se nossos julgamentos estão... errados. Não é confortável estar errado. O paradoxo também nos oferece uma saída para a mentalidade binária tão arraigada em nós, uma maneira de superar o “certo e o errado”. Isso nos permite mudar de ideia — não apenas reconsiderar uma opinião ou crença, mas literalmente mudar a forma da nossa percepção.

Vejamos um exemplo. Digamos que Sandy, minha parceira de cubículo, é um porre para mim. Reclama o dia todo, fala constantemente sobre as coisas mais desagradáveis, com as quais eu simplesmente não me importo, faz perguntas inapropriadas. Na minha opinião, ela é ácida e desagradável.

Todavia, se eu me abrir para uma mentalidade paradoxal, posso ampliar minha visão sobre ela, que tem partes boas, bem como partes ruins; é voluntária em um abrigo de animais, cola fotos de si mesma e dos cachorrinhos mais fofos nas paredes do cubículo, é uma doceira de mão cheia — traz biscoitos caseiros deliciosos para todos no escritório nas festas de fim de ano. Também há partes de Sandy que você não conhece. Você não sabe como foi a infância dela, se ela já se apaixonou, se esse trabalho era o que ela imaginava para si mesma.

Mesmo quando (especialmente quando) Sandy começa a ser exigente, irritante, grossa ou mal-educada, se, por um momento, for possível ver que ela está falando de sua mágoa, de sua dor, da parte que está em guerra consigo mesma, você iniciou a mentalidade do paradoxo. Quando fizer isso, quando conseguir manter todas essas verdades sobre Sandy na mente, a maneira como a vê e, portanto, a maneira como responde a ela, mudará.

Com pessoas difíceis, essa capacidade de mudar de ideia geralmente é sua única opção, porque não é possível mudar de ambiente. Você não vai se demitir só porque sua parceira de cubículo é irritante. E caso se demitisse, posso garantir que, onde quer que você vá parar, haverá outra Sandy. Não podemos viver em um estado de evasão constante; não podemos simplesmente nos livrar das pessoas, fugir delas ou calá-las.

Nosso poder reside em que atitude, então? Em mudar de ideia. Ao abraçar o paradoxo e habitar um lugar de potencial e abertura. E é nesse lugar, meu amigo, que existe um ímpeto cármico de possibilidade radical. A consequência de se abrir para uma mentalidade de paradoxo (Sandy é irritante *e também* doce) é a liberdade: o poder da escolha. Eu escolho ver Sandy como indelicada *e também* generosa. Sandy é agressiva, *mas também* gentil. Existem três realidades: a realidade do que vejo, o ponto de vista da experiência da outra pessoa e o potencial espiritual do que não sei, que chamo de "terceira verdade". Quando incorporo o não dualismo, abro-me para a terceira verdade. Há o bem, o mal, e *o que é*. A verdade é esta. Bom, ruim *e* algo mais. É tudo sobre abrir espaço para *algo mais*, e não só abrir espaço, mas até mesmo encontrar prazer na grande surpresa que é a vida.

A mentalidade binária, por outro lado, não é apenas enfraquecedora, mas também leva a uma espiral de pensamentos negativos e falsos. Um comentário irritante tem o poder de dominar seu dia e seu espaço mental. Vale a pena? Basta Sandy comentar: "Você está atrasado de novo", e sua mente vai correndo para: "Eu não suporto ela, porra", e isso puxa: "Eu odeio este trabalho", o que leva a: "Este trabalho é horrível, e só estou nele por não conseguir um melhor", o que desencadeia: "Eu sou um merda". Veja quantas razões pelas quais você é um merda. Nesse ponto, todo o seu poder se perde e você vira uma vítima. Quando você abraça o paradoxo, se abre para o "vocabulário de partes" (isso *e* aquilo podem existir simultaneamente) e aprende a se ver como composto de partes diferentes também — e que você é maior do que a soma de suas partes. Ao fazer isso, impede que suas inseguranças circundem seu ponto de vista e para de permitir que as interações cotidianas sejam gatilhos para confusão, raiva e insegurança.

Quando mudamos de ideia, colocamos em movimento uma cadeia de eventos não visíveis aos olhos; iniciamos uma certa magia. Quando convidamos o paradoxo, estamos trabalhando com energia mística. Não é preciso conversar com Sandy e dizer: "Escolhi olhar para você de um viés paradoxal mais expansivo" (isso seria estranho e condescendente). Você só precisa mudar sua energia para se empoderar — toda vez que vir Sandy —, para vê-la além de suas partes irritantes. São apenas partes.

É imperativo que em *todo* encontro com alguém que o irrita ou frustra, reconheça que esses comportamentos não contam toda a história desse alguém. Na fração de segundo em que sua mente se lembra de que "o que eu consigo ver imediatamente não é tudo, tem algo a mais", uma nova maneira de ser é ativada, e você espalha sementes cármicas positivas. Embora nunca possamos saber os efeitos exatos da ação carmicamente benéfica, sua capacidade de ver o bem trará mais bem. Você se tornará um ímã para a positividade e a mudança positiva. Lentamente, notará que está cercado por pessoas mais positivas, e surgirão mais oportunidades para mudar suas circunstâncias para melhor. Tudo isso começa abraçando o paradoxo e encontrando pessoas a partir dessa mentalidade.

É possível amar pessoas complicadas, que cometem erros, assim como você se ama, apesar de suas imperfeições (espero que sim). Da mesma forma, é possível estar em espaços que o desafiam; caso contrário, como crescerá? Temos que aceitar a plenitude da vida e parar de nos esconder dela.

Um jeito de nos escondermos é tentando existir em uma bolha. Não me entenda mal; devemos cultivar uma vida alegre, cheia de amigos que amamos e de cuja companhia gostamos — é por isso que você está lendo este livro!

Mas a realidade inevitável é que nenhum de nós consegue viver em uma bolha (embora muitos tentem). Não podemos passar pela vida sem sentir raiva — nem devemos querer isso. Existir em humanidade plena significa vivenciar toda a sua gama de emoções. Não estou sugerindo que dê mais chances do que as necessárias a pessoas com comportamentos tóxicos ou permaneça em relacionamentos doentios — mas, sim, que estender o amor a pessoas que você não ama de paixão é fundamental para existir no mundo como uma pessoa capaz de viver a amizade sagrada.

Da próxima vez que estiver "impondo um limite", cortando uma pessoa da sua vida ou pedindo o cancelamento de alguém para depois postar memes triunfantes sobre autocuidado nos stories do Instagram, pergunte-se: "Será que estou cuidando de mim mesmo ou estou entrando naquele bem-estar que é um desvio espiritual?" Lembre-se, é no cotidiano, na comunidade, que a sabedoria é trazida do campo teórico para a vivência. Há lições espirituais nas atividades, nos comportamentos, nos pensamentos e nos sentimentos mais comuns. Sabe aqueles momentos em que nos deparamos com pessoas e circunstâncias difíceis que são gatilhos nossos? São oportunidades para crescer e praticar o fortalecimento da nossa capacidade de abraçar o paradoxo, uma das nossas ferramentas mais cruciais para a construção de amizades sagradas.

O Fluxo do Carma

Claro que há uma diferença entre o aborrecimento cotidiano (ou mesmo a vibe exaltada de *não te suporto*) e a dor profunda e duradoura. Abraçar a mentalidade do paradoxo é bem mais difícil quando lidamos com pessoas que causaram, fomentaram ou instigaram traumas que sofremos. Mas o negócio é o seguinte — e ouvir isso não será agradável —, não é só possível, mas fundamental estender o amor, o amor radical, a todos em nossas vidas, mesmo os mais difíceis (eles *acima de tudo*). Por quê? Porque viver em um estado de culpa e vitimização não nos leva a lugar algum. Na verdade, isso nos mantém presos no passado e na ilusão dualista da separação mútua.

O problema com isso é que o passado já era. Aconteceu; não pode ser desfeito ou revisitado. Quando vivemos no passado, estamos vivendo em oposição à própria vida, que ocorre no presente. Quando discutimos com o passado (sobre o que poderia ou deveria acontecer, ou, ao menos, o que aconteceria), estamos discutindo com a realidade. Quando resistimos à realidade, não conseguimos acessar o presente — aceitar a realidade é fundamental para participar dele, que é a única realidade que existe. A liberdade só é possível no presente, o único lugar que podemos realmente habitar. É simples assim: não é possível estar presente quando estamos no passado.

Estender o amor radical a quem nos magoou não significa fingir que nossa dor não existe, desculpar as ações dos outros ou diminuir a responsabilidade pessoal. Significa aceitar a realidade, que o que aconteceu passou e afrouxar o controle sobre nossas histórias *a respeito* do que aconteceu (atribuindo significado fixo e narrativas aos eventos), especialmente quando essas histórias causam vergonha.

Uma das melhores formas de tornar a prática da aceitação menos difícil (porque *é* difícil, docinho) e "reescrever" as histórias que contamos sobre os outros em relação a nós mesmos é, primeiro, entender e fazer as pazes com o fluxo do carma. No budismo e no hinduísmo, o carma é como uma lei da natureza em que as ações de uma pessoa, para o bem ou para o mal, ao longo do tempo geram consequências de longo alcance nesta vida e na próxima. O carma está com você no nascimento. Na visão budista, não há conceito de inocência original, de que nascemos com uma lousa em branco.

Nesse contexto, o que se vivencia é o produto ou efeito de ações acumuladas, não apenas na sua vida atual, mas também nas passadas. Isso não quer dizer que você merece que aconteçam coisas ruins — de jeito nenhum. Significa que você tem o poder, a vontade, a liberdade de interromper o curso desse carma aprendendo sua lição — e criar um futuro diferente para as gerações vindouras.

Talvez a lei das consequências faça sentido para você, mas as vidas passadas simplesmente não se alinham com seu sistema de crenças. Pense no carma como feridas geracionais transmitidas por meio de sua árvore genealógica. Pesquisadores em epigenética, o estudo de como o ambiente afeta a expressão gênica, começaram a descobrir que os efeitos do trauma podem ser transmitidos intergeracionalmente — que, embora uma experiência como a fome não possa "reescrever" um gene, pode afetar se ele está "desligado" ou "ligado" e que essas "instruções" podem ser passadas de pai para filho.[9] As implicações desta pesquisa sugerem, assim como o carma, que experiências anteriores a você podem absolutamente fazer parte do seu ser — de suas inclinações, hábitos, comportamentos e personalidade. Nossas histórias não começam no nascimento; algumas partes de nosso todo são feridas geracionais que nos antecedem e que são passadas para nós.

É óbvio que todos temos histórias que contamos a nós mesmos sobre nossas vidas. Sabemos o enredo de cor e, embora ainda não saibamos quem é o herói (dica: é você), conhecemos bem os vilões. E em nossas histórias, o comportamento tóxico do vilão é sempre muito pessoal. Como poderia não ser? É nossa. É sobre nós. Os vilões também têm sua própria história — e, sim, a deles é sobre eles (dica: provavelmente eles não são os vilões na própria história), não sobre você. E assim tem sido desde o passado, que é focado por todos nós; ficamos concentrados nas atitudes passadas dos outros.

O paradoxo é que essa cadeia narrativa é, ao mesmo tempo, parcialmente correta e totalmente errada. O comportamento de outras pessoas raramente é pessoal — na verdade, não se trata de nós; é quase sempre sobre suas histórias, seus condicionamentos, seus padrões... seu carma. O comportamento deles não é uma resposta para nós, mas uma orientação à vida (você sabe, magoar pessoas magoa pessoas). E esse tipo de narrativa está parcialmente certa, pois sugere uma verdade fundamental: *isso não começou conosco*. Você, eu, nossos pais, a sociedade — todos estamos inconscientemente recriando traumas que nos foram passados pelas gerações anteriores. Isso é complexo, tem camadas e, eu sei, é uma bela bosta. Mas não se preocupe, lindeza, eu te entendo — você está aprendendo uma maneira radical e espiritual de mudar sua perspectiva e interromper esses padrões.

Quando se trata do carma nessa questão, pense assim: todos nós chegamos aqui com um acúmulo dessa energia, *e* todos nós vivemos no presente da possibilidade cármica, no qual entendemos que estamos em um mundo onde tudo vem a ser por causa de outra coisa; tudo é interdependente (não dualismo). No carma do agora, nossas vidas são governadas pela lei da consequência, onde qualquer coisa dita, feita, pensada, sentida ou falada tem uma consequência benéfica ou prejudicial.

Ao mesmo tempo, nossa realidade cármica atual é criada pelas consequências de nossas ações anteriores e pelas ações dessas versões de nós mesmos de vidas anteriores. Nosso *futuro* pode mudar com base apenas em como respondemos ao que está florescendo carmicamente bem na nossa frente, agora. Isso são as lições cármicas — não que o carma seja algoz, mas, sim, um professor. Cada experiência nos oferece uma oportunidade de refletir, de aprender sobre nós mesmos e sobre os outros, de crescer.

Para muitos de nós, a infância causou uma quantidade imensa de dor. Passaram-se anos antes de termos desenvolvido qualquer habilidade real para lidar com isso. Nossos pais, cuidadores, professores e a sociedade *são* responsáveis pela dor que nos causaram, mas a verdade espiritual final é panorâmica e nos mostra que todos estão profundamente feridos e inconscientemente reciclando suas feridas no presente, repetindo os mesmos erros que seus pais e todos em sua linhagem cometeram. Por causa do trauma não curado, eles recriam o caos para todos com quem têm contato e, às vezes, com muita frequência, estamos na ponta receptora disso tudo.

Entender que todos nós viemos à Terra com um acúmulo de carma (ou feridas intergeracionais) — e que, por muitas razões diferentes, alguns estão melhor equipados para aprender suas lições conforme elas vão surgindo — pode nos ajudar, por meio da despersonalização das ações das pessoas, a desaprender as velhas histórias de heróis e vilões que contamos a nós mesmos. Isso não significa que a pessoa que te fez mal não seja responsável por isso, mas que agiu com base em seu carma único, não em resposta a algo sobre você. Isso também significa *que você* não é responsável pelo carma *delas*. Em outras palavras, não é seu "trabalho" tentar ensinar uma lição aos outros; você deve apenas tentar aprender as que seu carma único traz.

Pensar as coisas por uma perspectiva cármica pode facilitar o afrouxamento do nosso controle sobre a culpa, o que não significa que o que aconteceu conosco não existiu, mas, sim, que mudamos o foco de nossa energia do passado para o presente, interrompendo esses padrões destrutivos em vez de repeti-los. Como interrompemos o padrão? Por meio da aceitação. Sejamos claros: aceitação não é aprovação. Aceitar que alguém fez algo errado é a capacidade de reconhecer que o errado aconteceu; isso não significa que estamos dando consentimento para que isso se repita. Quando aceitamos nossas experiências, não estamos dizendo que elas deveriam ter acontecido, apenas que aconteceram. Paramos de lutar contra a realidade; paramos de somar sofrimento à dor.

Lutar contra isso apenas reforça esses padrões destrutivos; é sempre reativo em vez de proativo. Quando paramos de lutar, nos afastamos de nossas narrativas e de nossa necessidade de estarmos certos. Quando aceitamos, paramos de resistir ao fato de que as coisas são o que são. Isso *também* significa que entendemos o que elas *não* são. Boa parte do nosso sofrimento nasce da resistência à realidade como ela é. Mas, se aceitá-la, se parar de lutar contra ela, sentirá o bem. A energia que gastou para evitar, fugir, discutir, é liberada. Chegar a este lugar é muito gratificante. Permitir que a dor que o outro nos causou nos cure em vez de cutucar a ferida e deixá-la apodrecer, literalmente cria energia para novos relacionamentos.

Então, chega a um ponto em um caminho espiritual em que precisamos aprender a ficar bem com coisas que não vão bem. O 14º Dalai Lama afirmou: "A verdadeira mudança está dentro; deixe o exterior do jeito que está".[10] Não por complacência ou apatia, mas por ter resiliência emocional e a habilidade de gerir situações e pessoas difíceis. Ser deste mundo é aceitar que há dor e sofrimento dentro dele e também dentro de você. Trata-se de reconhecer que coisas ruins acontecem e que a dor faz parte da vida, mas que não precisamos piorá-la lutando contra ela. O caminho para a liberdade não é evitar coisas difíceis; é *por meio* delas que desenvolvemos sabedoria. Estar bem com *o que é*, em si, é uma habilidade. É dizer que não estamos atrás da próxima onda, seja ela qual for — sexo, álcool, atenção, drogas, comida, não importa. Essas automedicações, esses mecanismos entorpecentes, não nos preparam para a conexão, nem nos levam à liberdade.

Se você enfrentou sua própria dor, pode enfrentar a dor no mundo, nas amizades, na comunidade, até mesmo na família. Está equipado para lidar com o sofrimento de outras pessoas de uma maneira gentil, pacífica e esperançosa. Inspira os demais a aceitarem seus passados. Quando se trata de se relacionar com seu próprio coração, você parou de viver em seu sofrimento, parou de ruminar, e é mais gentil consigo mesmo, é mais fácil saber seu limite. Quando estiver agindo por meio da aceitação e curando o relacionamento consigo mesmo, será mais capaz de levar a compaixão amorosa e feroz da aceitação para a vida de outras pessoas em sua comunidade.

Lembre-se, é na comunidade que podemos testar verdadeiramente nosso conteúdo, o trabalho que fizemos internamente, no mundo. Uma coisa é ser capaz de perdoar a si mesmo por seus erros — mas a compreensão duramente conquistada que possibilitou esse perdão passou a ser uma capacidade de perdoar os outros por seus erros? Quando você testa seu conteúdo no relacionamento e percebe que ainda está errando, é um sinal de que seu mundo interior — o relacionamento entre você e sua mente, corpo e coração — ainda precisa de ajustes. Essa é a equação da libertação em ação. Vivê-la é uma dança que exige que se coreografe alguns movimentos e, ao mesmo tempo, apenas siga o fluxo, seguindo a batida do seu coração.

Prática: Aceitação

Nossas *atitudes* em relação à aceitação acabam atrapalhando-a. Elas são moldadas pela postura tóxica de nossa cultura em relação à "força" e à "fraqueza". De forma deturpada, a aceitação pode ser vista como abrir mão de uma "batalha" honrosa. Essas atitudes podem ser tão amplas e arraigadas que fica difícil reconhecê-las em nós mesmos. Então, quando estiver resistente à aceitação da realidade de eventos difíceis, passados ou presentes, feche os olhos e recite estas afirmações ressonantes com seu ser; escolha qualquer uma, ou todas:

- *Não sou fraco; é preciso força para enfrentar uma realidade dolorosa.*

- *Não estou desistindo; escolho parar de drenar minha energia com o passado.*
- *Não estou me rendendo; deixo de lado o que nunca esteve em meu controle, pois não é meu.*
- *Não sou passivo; estou ativamente vivo no presente.*
- *Não estou dando passe livre; foco o meu próprio carma.*

Quando sentir menos resistência à aceitação, recite estas afirmações ressonantes como uma prática mais direta de aceitação. De novo, escolha qualquer uma, ou todas:

- *Aceito que há dor neste mundo, e dentro de mim também.*
- *Aceito que o que aconteceu, passou.*
- *Aceito a realidade como ela é.*

Capítulo 2

Amizade Sagrada

A amizade é uma criatura estranha. Mais do que apenas uma necessidade social, uma questão de segurança baseada em números que adotamos ao longo das gerações, é também um imperativo biológico que nos cura em nível celular. No livro *Friendship: The Evolution, Biology, and Extraordinary Power of Life's Fundamental Bond*, a escritora de ciência Lydia Denworth desafia a noção comumente sustentada entre cientistas sociais e antropólogos de que a amizade é "puramente cultural, uma invenção da sociedade humana — e da sociedade humana moderna".

Ela mapeia como *o desejo de fazer amigos* é profundamente biológico, mostrando como o "cérebro social", que nos ajuda a entender relacionamentos e a mentalizar (reconhecer os estados mentais dos outros e como eles nos afetam) começa a se conectar no nascimento. Nas palavras da autora, a amizade é tão antiga quanto as savanas — em outras palavras, a amizade está conosco desde o início de nossa evolução.[1] Está escrita em nosso sangue, em nossos ossos, em nossos cérebros — faz parte do que nos torna humanos.

E, no entanto, para muitos de nós, mesmo cercados por amigos, nossas amizades são tudo menos essenciais, tudo menos *sagradas*. E parecem complicadas para um caralho. Difíceis de fazer, difíceis de manter. Por quê?

Em teoria, nosso papel nos relacionamentos é simples — ou deveria ser — de jardineiro espiritual. Um amigo sagrado é um jardineiro espiritual. O que isso significa? Significa que você tem dentro de si a quantidade certa de sol, água e fertilizante para cultivar e nutrir não só o seu jardim cármico, mas também os dos outros. Um amigo sagrado cultiva as sementes da libertação dentro de você; rega as sementes de amor, compaixão, alegria e sabedoria, ajudando a eliminar o que não está em sua verdadeira natureza. Um amigo sagrado é um botânico da sua benevolência. É um processo recíproco que ilumina as partes de ambos que precisam ser trabalhadas e, ao dar e receber nutrição, amigos sagrados crescem e florescem juntos.

Enquanto isso, de volta à realidade, muitos de nós somos péssimos em jardinagem. Podemos trabalhar duro a fim de ter disponibilidade para a amizade sagrada, mas como estamos habituados a ideias tóxicas sobre o que é a amizade, estamos, sem pensar, pulverizando pesticidas nela e despejando fertilizantes em ervas daninhas. Nossas próprias ações equivocadas sabotam nossa capacidade de fazer e sustentar amizades sagradas. Todos nós temos o potencial de ter um polegar verde, no entanto — só temos que desenterrar nossas ideias arcaicas sobre o que é amizade e replantar as sementes da amizade sagrada. Em outras palavras, para entendermos bem o que ela *é*, primeiro temos que saber o que ela *não é*.

A amizade sagrada não é um jogo de números, não é transacional, não se trata de validação superficial e de "consertar" pessoas. No entanto, essas ações praticamente definem como operamos na velha amizade regular no dia a dia. No fundo, sabemos como compartilhar, criar laços, coabitar — mas compramos uma cultura que, por mais que pregue a "liberdade", é profundamente contrária à verdadeira libertação — nossas maneiras de nos relacionar e nossas dinâmicas tóxicas são produtos dessa cultura.

Quando se trata de amizades, entendemos tudo errado: priorizamos quantidade em vez de qualidade, focamos o que os outros podem fazer por nós, achamos que o ato inebriante e fácil de "curtir" é uma afirmação de nossa bondade e acreditamos que sabemos melhor do que nossos amigos como eles devem viver. Mas cada um desses erros tem uma oferta para nós — assim que compreendemos como e por que fazemos isso, podemos transformar os impulsos por trás deles em estratégias para uma conexão significativa.

Não É um Jogo de Números

A amizade é um fenômeno singular; ao contrário de vários relacionamentos em nossas vidas, escolhemos nossos amigos. No entanto, temos tanto medo de ficar de fora e queremos tanto pertencer que podemos ser menos criteriosos em nossas escolhas. As redes sociais, com sua ênfase na contagem de seguidores, só pioram esse impulso. (E nem vou entrar no mérito de quão grotesca é a transformação de "amigos" em "seguidores".) Quanto mais, melhor, certo? Não.

Podemos acreditar que estamos cultivando um belo jardim cármico, mas a realidade é que a maioria está cheia de ervas daninhas e precisamos puxar muitas raízes: amizades que nos esgotam, que permitem comportamentos prejudiciais ou refletem versões superadas de nós mesmos. Sendo realista, uma pessoa só consegue dar conta de cuidar de um jardim conforme seu tamanho — é por isso que jardins incríveis como os Huntington Gardens aqui em Los Angeles, o Keukenhof em Amsterdã e os Jardins Tivoli nas cercanias de Roma são manejados por equipes, não por um cara solitário com um ancinho. É contraintuitivo, mas muitos de nós precisamos de menos amigos. Menos e *melhores* amigos. Amigos mais próximos.

Precisamos nos concentrar em nosso *círculo íntimo* e ser conscientes sobre nossos relacionamentos. Robin Dunbar, psicólogo evolucionista, é conhecido pelo "número de Dunbar", a quantidade *máxima* de relacionamentos estáveis que um indivíduo pode gerenciar cognitivamente. Esse número é 150 — mas inclui *todos os* seus relacionamentos: família, amores, amigos e até relacionamentos profissionais. Dunbar visualiza essas relações como uma série de 4 círculos concêntricos, quanto mais próximo do centro, maior a intimidade.

O anel externo, que compreende todas as 150 pessoas, é a camada de "casamentos e funerais" — as pessoas que apareceriam apenas em eventos assim, que acontecem uma vez na vida.

O anel seguinte é composto por 50 pessoas, quem estaria em um chá de panela ou em uma festa de aniversário. Depois dele vem nosso círculo social central, com 15 pessoas, aquelas que conhecemos bem e em quem confiamos o suficiente para cuidar de nossos filhos em alguma situação adversa.

O último anel é composto por seus 5 relacionamentos centrais, as pessoas que abandonarão tudo quando você precisar delas, a quem você se volta nos momentos de maior tristeza e alegria, que — pelo menos na maioria das vezes — fazem você se sentir visto e amado incondicionalmente. São aqueles que você procura quando está tomado de culpa, arrependimento e remorso, que ouvem sem julgamento, cujas mãos você quer segurar nos momentos difíceis, e por quem faria o mesmo. Esses são os relacionamentos mais importantes de nossas vidas, que nos ajudarão a viver mais e nos manterão emocionalmente saudáveis, com rede de apoio e amados.

Como identificar essas pessoas? Esse círculo interno deve incluir aquelas em quem você confia com seu eu mais profundo, suas inseguranças e gatilhos. Elas conhecem sua história e não a usarão contra você. Gosto de pensar nessas cinco pessoas como aquelas que podem estar com você no plano dos segredos — aquele plano de existência onde seus erros e as formas pelas quais você se magoou ou magoou os outros não podem ser escondidas. É o lugar onde você pode aparecer desgrenhado, se sentindo horrível, parecendo louco e desabafar sem medo de julgamento ou rejeição, onde seus segredos são guardados. Esses cinco têm essa capacidade porque também querem as mesmas coisas da vida que você; eles provavelmente têm suas próprias maneiras de chegar lá, mas se esforçam para ser compassivos com os outros; querem ser bondosos com as pessoas; também não querem ser a mesma pessoa que eram ontem. Estão em contato com a impermanência e deixam a magia dessa força agir por meio deles. São guerreiros espirituais disciplinados — estão percorrendo o caminho da libertação com você.

Eles encontram a escuridão em você porque também trabalharam, ou estão trabalhando, para encontrar a escuridão em si mesmos. Sabem que machucaram os outros e a si mesmos, têm contato direto com a versão assustadora de si mesmos e da vida. E é isso que define uma relação profunda, sagrada e essencial — não quer dizer que precisemos ter feito coisas das quais não nos orgulhamos ou que coisas difíceis tenham que acontecer conosco. Não. É uma profundidade da humanidade comum, uma compreensão compartilhada de quão frágil e transitória é a vida e como, em certo sentido, estamos sempre no processo de luto. Eles sentiram o luto, porque mesmo que a impermanência seja milagrosa, também é uma experiência de perda. Essa é a natureza não dualista da mudança: simultaneamente uma deleção e um devir. Nosso núcleo de cinco pode nos manter nessa perspectiva não dualista.

O problema é que muitos de nós acreditamos que essas cinco pessoas estarão sempre lá. Preenchemos nossas vidas com tantas obrigações sociais e profissionais, ou nos perdemos nas relações parassociais online, que não focamos nosso círculo íntimo. Quando dispersamos nossa atenção em um círculo social cada vez maior, nossos relacionamentos tendem a perder profundidade e nossas conexões se tornam mais superficiais.

Todos vivemos na realidade do tempo limitado; as horas de cada dia são fixas; temos apenas uma quantidade de tempo para oferecer aos outros. Da mesma forma, nossa energia para os outros não é ilimitada, então precisamos usá-la com sabedoria. Dunbar observou o seguinte sobre as camadas que compõem seu número: "As camadas ocorrem principalmente porque o tempo que temos para a interação social não é infinito. Você tem que decidir como investir esse tempo, tendo em mente que a força dos relacionamentos é diretamente correlata ao quanto de tempo e esforço dedicamos a eles". Em outras palavras, seja intencional em seus relacionamentos.

Agora, pare e pense bem "Qual meu nível de consciência sobre meus relacionamentos?" O que isso significa? Ser consciente significa que suas escolhas são propositais e ponderadas, deliberadas. São feitas com um objetivo final em mente — neste caso, a conexão.

Prática: Conexão Consciente

- Pegue um pedaço de papel e dobre-o ao meio na vertical.
- No lado esquerdo, faça uma lista das cinco pessoas com quem você passa mais tempo fora do trabalho.
- No lado direito, faça uma lista das cinco pessoas que você considera seu círculo íntimo.
- Alguma das pessoas do seu círculo íntimo aparece na lista de pessoas com quem você passa mais tempo? (É verdade que muitos de nós não moramos no mesmo lugar que as pessoas do nosso círculo íntimo — mas a ideia aqui é apenas ter uma noção de para onde vai sua energia.)
- Anote em qual anel de Dunbar você colocaria cada pessoa à esquerda que não esteja em seu círculo íntimo.
- Agora, para cada pessoa listada, responda às seguintes perguntas:

    - Investimos aproximadamente a mesma quantidade de esforço em nosso relacionamento?
    - Depois de estar com essa pessoa, saio energizado ou exausto?
    - Amplificamos o melhor um do outro, ou nosso relacionamento é baseado em negatividade, como reclamações mútuas?
    - A qualidade da nossa conexão é inata — é fácil ficarmos juntos, ou é desconfortável, estranha?
    - Essa relação parece uma obrigação?
    - Qual meu nível de confiança nessa pessoa?

- Reflita sobre suas respostas e pondere o nível de alinhamento delas com a quantidade de tempo e energia que você dá a cada pessoa, considerando especialmente em qual anel de Dunbar você as colocou. Pergunte a si mesmo: "Estou nutrindo os relacionamentos certos?"

Não é Uma Transação

Seja intencional em seus relacionamentos, claro, mas também entre em relacionamentos com a intenção de ser um amigo sagrado e aja com pureza de intenção. O que isso significa? Que seu comportamento no relacionamento deve ser impulsionado, tanto quanto possível, pelo desejo de se conectar.

Quando você é babaca, recebe babaquice de volta. Simples assim. Suas intenções devem ser puras. Infelizmente, nossa cultura tornou a amizade mais transacional. As bases de muitas de nossas amizades se fincam em vantagens mútuas: "O que essa pessoa pode fazer por mim?" "Como ela pode me ajudar?" ou "O que posso tirar dessa pessoa?" Podemos até não saber disso a nível consciente, mas procuramos amizades que escolhemos inconscientemente como um meio de afirmar ou elevar nosso status.

As amizades transacionais e o status que elas ofereciam foram minha força vital por boa parte dos meus 20 anos. Nessa época eu achava que estava no topo do mundo — ou pelo menos deveria me sentir assim. Com cerca de 25 anos, fundei uma revista de moda com dois amigos (que, depois, definitivamente não seriam parte do meu núcleo de cinco). Nosso sucesso nos dois anos seguintes me fez ter dinheiro pela primeira vez e muita paz proveniente dessa segurança — afinal, eu estava vivendo o "sonho americano". Ao fazer o que toda criança imigrante sonha — sucesso nos Estados Unidos — pensei que uma felicidade mágica seria desbloqueada para mim. E sim, eu estava vivendo a vida no topo (literal e figurativamente — eu estava alto o tempo todo). Foi um arraso, bebê! Porém, continuava viciado, deprimido, ansioso e caótico, como sempre.

Então, no escritório, em um dia do outono de 2012, ouvi meus cofundadores, supostos amigos, conspirando para comprar minha parte da empresa. Para me expulsar por completo. Enquanto ouvia, sentia meu coração batendo descontroladamente no peito, minha respiração acelerada como o oceano em meus ouvidos. Espasmos musculares. Senti as paredes se fechando sobre mim. Eu era um animal preso!

Apesar do fato de que era um dia extremamente frio e úmido, fui para a escada de incêndio, desesperado por ar fresco. Meu corpo parecia paralisado, mas minha mente e coração estavam acelerados. Minha pele ardia de vergonha, e eu fumava em frenesi, tentando pensar no que fazer. Não acreditava no que estava acontecendo e não tinha ideia de como seguir em frente. O fracasso e a desesperança tomaram conta de mim enquanto eu olhava sete andares abaixo, para um beco fumegante da cidade de Nova York.

Em um raro momento de clareza, entendi que as únicas saídas eram pular ou enfrentar a situação. O universo me ofereceu um momento de graça, e percebi que não queria pular. Voltando com calma ao escritório da minha sócia, olhei nos olhos dela e disse: "Ouvi você dizendo que está farta de mim, a conversa toda. Em vez de comprar minha parte gradualmente, compre tudo agora. Estou pronto para sair". Foi muito bom tomar as rédeas daquele momento. Vinha me sentindo sem autonomia há tempos, apesar dos meus melhores esforços para me enganar e acreditar que eu tinha tudo sob controle, e esse ato de autopropriedade pareceu um renascimento.

Mas no dia seguinte, quando acordei e me lembrei do que havia acontecido, pensei: "Quem sou eu agora?" Eu sequer existo sem meu cargo de prestígio e estilo de vida glamouroso? Surtei, sem esperança e cheio de medo. Forçando-me a me vestir, voltei para o escritório, de cabeça baixa, óculos escuros e humilhado demais para encarar alguém. A tensão era palpável. Ao meu redor, conseguia ouvir os sussurros. Rapidamente arrumei minhas coisas e saí. Era a derradeira caminhada da vergonha. Ninguém disse uma palavra.

Nas semanas seguintes, tentei me candidatar a empregos e entrei em contato com amigos para obter pistas sobre o que poderia fazer a seguir. Fiquei genuinamente chocado por ninguém estar disponível. para onde foram todos? Era um dos piores momentos da minha vida até agora... e me senti totalmente sozinho. Havia perdido minha carreira, e me dava conta de que também havia perdido meus amigos, abandonado pelo mundo inteiro que construí ao meu redor em Nova York. Ficou claro para todos que eu não tinha mais nada a oferecer.

Corri para a Flórida para ficar mais perto da minha família (e porque, vamos ser honestos... eu não tinha mais para onde ir.) Sentado na praia em um dia nublado, mal-humorado, olhando para o mar, percebi que era como se todos os relacionamentos que tive em Nova York nunca tivessem acontecido. Todas as amizades, amores e colegas que eu achava que eram reais tinham acabado de virar nada, tão incorpóreos quanto neblina. Cercado pelo calor da minha família, tomei distância suficiente daquela vida para começar a ser capaz de sofrer por sua perda de forma adequada. Enlutei-me por todas as versões de mim mesmo que tive que inventar e depois enterrar repetidas vezes ao longo dos anos. Sofri por todas as partes de mim que havia enterrado sob drogas, ambição e vaidade.

Foi nessa época que, desesperado para aliviar meu sofrimento, comecei a me aprofundar em autoajuda e recursos espirituais. Meu ceticismo foi devastado pela minha fome abjeta de ser reconstruído. Um dia, meu pai sugeriu que eu lesse algumas das obras do Dalai Lama. Isso foi totalmente aleatório para mim, já que meu pai não era do tipo que estudava budismo no tempo livre. Parte de mim ficou tipo: “Que coisa doida!”, mas de doido ele não tinha nada.

Um mês depois, eu estava em um retiro silencioso de dez dias no Himalaia. Os últimos três dias foram sobre meditar acerca da morte. No meio de tudo isso, ao imaginar o eventual fim desta vida, comecei a me sentir profundamente triste com todas as mentiras que me enfiaram goela abaixo, nas quais acreditei e que perpetuei. Mentiras contadas pela sociedade, minha família e até amigos diversas vezes. Olhando para trás, para a maneira como me relacionava com as pessoas em Nova York, pude ver, então, pela primeira vez, que sempre foram transações. Uma mentalidade de poder-dinheiro muito egoísta. Meus pensamentos sempre estavam focados em mim mesmo: “O que eu ganho com isso?”, “O que você pode fazer por mim?", "Como posso usar tal pessoa para ter sucesso?" Eu via as pessoas como descartáveis, substituíveis, um meio para um fim.

Por mais triste que seja dizer, não consegui pensar em muitas vezes em que eu estava disponível de verdade para as pessoas de um jeito genuinamente compassivo. Não consegui me lembrar de muitas pessoas me procurando para chorar no meu ombro, me chamando para ajudá-las. Até meus "melhores amigos" estavam intoxicados com suas próprias vidas. Não houve nenhuma conexão verdadeira. "Isso me atingiu como uma tijolada." Claro que ninguém estava disponível para me ajudar quando eu precisava de ajuda! Nunca estive disponível para ninguém, pelo menos não de uma maneira autêntica e altruísta. Se eu fizesse algo por outra pessoa, era para obter uma vantagem ou porque ela "me devia uma". Francamente, era nojento. Mas eu juro que não via esse hábito com clareza, nem entendia o impacto dessas ações até que comecei minha prática espiritual e olhei para dentro pela primeira vez.

A maneira transacional como eu me relacionava me levou a uma das minhas piores fossas, e ainda assim era totalmente comum e aceitável no mundo em que eu vivia. Não quero dizer que as pessoas tinham ciência disso ou reconhecessem que isso acontecia, mas era de praxe. Ao refletir sobre esse período da minha vida enquanto trabalhava neste livro, procurei a Dra. Lisa Miller, psicóloga clínica e fundadora do Spirituality Mind Body Institute [Instituto Espiritualidade, Mente e Corpo, em tradução livre] da Universidade Columbia — o primeiro programa de pós-graduação e instituto de pesquisa em espiritualidade e psicologia da Ivy League — para discutir por que essa maneira de se relacionar é tão endêmica na sociedade.

A Dra. Miller observou que somos treinados desde a primeira infância a nos vermos através dessa lente transacional. Primeiro, aprendemos a nos entender com base em nossa habilidade no ambiente escolar. Nós nos vemos com uma mentalidade fixa ("Eu sou bom/ruim nisso"), em vez de uma mentalidade de crescimento ("Eu posso aprender isso"), na qual identificamos nossos pontos "fortes" e "fracos": *sou bom em leitura, mas não tão bom em matemática; sou bom em esportes, mas não tão forte na escrita* etc. Conhecemos a nós mesmos e como podemos contribuir para o mundo com base em nossas habilidades e aptidões (com a ideia de que elas são inatas ou fixas, em vez de algo em que podemos trabalhar), até mesmo nossa aparência externa.

E somos ensinados a ver os outros dessa maneira também, a fim de fazer comparações. Colocamos as crianças umas contra as outras. Elas internalizam a ideia de que aprender não é sobre curiosidade e crescimento, mas sobre vencer e ser melhor do que os outros — e que há pouco espaço no topo. Nem todo mundo pode ser um aluno "nota dez". Não aprendemos nosso merecimento e bondade intrínsecos, mas sim que alguns são melhores que outros e que, se trabalharmos mais, podemos ser os melhores.

O legado disso foi uma cultura com um sistema de classificação tóxico para determinar o valor das pessoas. Assim que entramos em uma sala, isso começa: quem tem valor, quem não tem, quem é merecedor? Avaliamos as pessoas quase instantaneamente, com base em pistas quase subconscientes, antes mesmo de começarmos a falar com elas.

Assim que começamos a falar, muitas vezes entramos em uma forma velada de interrogatório de status: "O que você faz da vida?" (O que significa, é claro, o que você faz no trabalho?) Talvez, dependendo da sua idade, seja "Onde você estudou?" De certa forma, estamos avaliando o que a outra pessoa tem para trocar ou negociar conosco a fim de promover nossos próprios objetivos, seja progressão na carreira, elevação social etc. Precisamos desesperadamente inverter esse sistema.

O padrão deve ser outro: todos nós já merecemos amor, sem nada para provar, sem ter que mostrar habilidades, sem que haja condições. Esqueça seus talentos, conjunto de habilidades, potencial de ganhos — tudo isso é irrelevante em termos de seu merecimento. Você já é suficiente, assim como todas as pessoas que encontra. Todos nós temos potencial ilimitado em nossos corpos. Somos todos canais para toda a sabedoria do universo, com a capacidade de iluminar o mundo. Nosso trabalho, quando pisamos em uma sala, é presentear as pessoas com amor, vê-las como almas na terra e exultar o deleite de todos como puro potencial para o amor.

Prática: A Fábrica de Bênçãos

Quando se trata de ver as pessoas como almas na terra e exultar o potencial delas para o amor, uma prática importante que uso com frequência é a fábrica de bênçãos. Uso isso quando não estou presente, quando estou ruminando, quando minha mente está voltada para algo, quando tenho mil guias abertas na mente e, *especialmente*, quando estou julgando as pessoas — quando volto a essa mentalidade transacional, avaliando o que as pessoas "valem".

- Ofereça a todos uma bênção (para ser claro, faça isso em silêncio) — pode ser algo como *Que você seja feliz, que você seja feliz, que você seja feliz, que você seja feliz, que você seja feliz.* Ou *que todos os seus sonhos se tornem realidade, que todos os seus sonhos se tornem realidade, que todos os seus sonhos se tornem realidade.*

Quando for possível fazer essa oferta, verá que ela pode trazê-lo de volta ao presente de uma maneira incrivelmente poderosa. Notará de imediato que, embora possa ter julgamentos em segundo plano, eles não estão dominando. Você se torna um jardineiro espiritual e espalha as sementes que deseja cultivar enquanto elimina as que não deseja.

Outra maneira de nos sujeitarmos ao pensamento transacional é exigir reciprocidade total na amizade. A palavra "reciprocidade" está na moda quando o assunto são relacionamentos, mas muitas vezes é um sintoma encoberto de ganância, de acumular e não querer abrir mão, o que inevitavelmente levará ao sofrimento. Sim, harmonia e justiça devem estar presentes na amizade sagrada, mas às vezes se dá mais do que recebe, e outras vezes se recebe mais do que dá. A amizade sagrada não se trata de um equilíbrio perfeito, existe no mundo material, onde *nada* é sempre justo e equilibrado. Isso não é realidade, então buscá-la não lhe trará felicidade e paz.

A amizade sagrada transcende os caminhos do mundo humano usual e segue as leis espirituais. É importante lembrar, como amigo sagrado, que ao dar algo a alguém, é possível que não se receba nada em troca. Pode-se vivenciar o carma na forma de uma mensagem de um total estranho. Minha amiga Violet me contou de uma época em que pagava o aluguel de uma amiga sem esperar nada em troca. Uma semana depois, enquanto fazia compras, um pensamento passou por sua mente: "Será que vai chegar o momento em que a Diya vai se ajeitar na vida e me pagar?"

Alguns momentos depois, Violet foi atingida inesperadamente por uma memória traumática, que a levou a uma espiral de culpa e vergonha. Uma resposta psicossomática inundou seu corpo: ela sentiu como se as paredes estivessem desmoronando sobre ela; sentiu-se completamente gélida; sua visão ficou turva. Saiu correndo do mercado, deixou tudo para trás no carrinho e foi aos tropeços para o carro. Dentro dele, foi tomada pela emoção e esmagada pela ideação suicida. Isso aconteceu com ela há três anos, e durante três anos ela trabalhou com terapeutas, médicos e práticas espirituais para se manter segura.

Enquanto Violet estava sentada lá, aterrorizada por sua própria mente, um estranho bateu na janela. Violet abriu a janela; a pessoa perguntou: "Você está bem?" Violet respondeu: "Sim, estou", embora essa fosse a coisa mais distante da verdade. O estranho olhou para ela por um momento e disse: "Só para você saber, você pode deixar seu passado para trás", depois se afastou. Violet ficou tão abalada que nem conseguiu agradecer. Tentou procurar a pessoa, mas ela já havia partido.

Em sua mente, percebeu que era o universo vindo em seu auxílio em um momento de extrema angústia, assim como ela foi ao auxílio de Diya pagando seu aluguel durante um momento crítico de necessidade.

O que fazemos por um, fazemos por *todos*, pelo bem maior. Quando você rega uma árvore na floresta, está regando todo o ecossistema. Quando eu alimento você, esse nutriente estará no banco de alimentos por toda a vida.

O que abençoa um, abençoa a todos. A devolutiva, a reciprocidade, o pagamento nem sempre vêm em espécie, mas sempre vêm, se procurarmos.

Não se Trata de Buscar Validação

Amizades superficiais e que tratamos como transacionais naturalmente geram confusão quando se trata do que é a validação autêntica — qual sua forma, como ela soa? Concentrar-se em quantas pessoas "gostam" de nós e no que elas podem nos dar é, no fim das contas, uma busca pela confirmação de nosso próprio valor como pessoa, de nosso mérito — em outras palavras, é uma busca por validação. Mas esse tipo de validação, enraizado em como os outros nos percebem por causa do que temos, nunca pode ser um canal para uma conexão verdadeira, porque não reflete quem somos.

A validação é um tema complicado, ainda mais quando se trata de relacionamentos. Todos temos uma necessidade subconsciente de ouvir "Ei, você está indo na direção certa; continue" ou "Isso está errado; hora de recalcular a rota". Todos esperamos por esse espelho amoroso que reflita o que estamos acertando e errando e temos um impulso para conhecer nossa bondade, para saber que somos inerentemente merecedores de amor.

Não há nada de errado com essa necessidade; é o que eu chamo de busca iluminada, ou autêntica, por validação. *Importa* que os mais próximos de nós, seja um amigo, pai, amor ou mentor, validem nosso merecimento fundamental. Quando nos oferecem uma validação autêntica e esclarecida, vivenciamos uma conexão profunda. Ouvimos, sentimos e vemos nossa bondade refletida de volta para nós. Se não o fizerem ou não puderem, não estão em um lugar onde possam ter espaço para a amizade sagrada — não estão disponíveis para serem botânicos da nossa benevolência, bondade. Porém, a validação autêntica e esclarecida, no fim das contas, tem que vir principalmente de dentro: é algo que você oferece a si, uma aceitação e aprovação de quem é, como é. É possuir seu merecimento fundamental.

Para a maioria de nós, nossa principal fonte de validação não somos nós mesmos — são os outros. As coisas ficam nebulosas e complicadas nesse ponto, não apenas porque não estamos seguros de nós mesmos, mas também porque entendemos mal o que *deveria* garantir a aprovação dos outros. Este é o lado sombrio da validação. Nosso erro está nas coisas que pensamos que nos fazem merecedores dela. Buscamos validação (interna e externamente) por meio de muitas avenidas que nunca nos levarão à verdade de nossa bondade e merecimento inatos: por meio de boas notas, pessoas agradáveis, aparência, sinais de status que ostentamos à nossa volta, empregos, carros, casas. Nossas mentes colonizadas e doutrinadas confundem as coisas, o mundano, o material, que é inerentemente falho, com uma correlação direta ou espelho direto da benevolência, da bondade inata de uma pessoa.

Mas a validação obtida daquilo que se tem, da aparência física, do carro que dirige, da casa onde mora, da escola que frequentou, nunca será suficiente; é uma falsificação da felicidade, disfarçada da coisa real, porque não vem de dentro (é orientada para a aprovação dos outros) e porque, em nossa cultura de viagens futuras, obcecada por status, por mais, sempre mais, as regras do jogo do sucesso são voláteis.

Alguns anos atrás, uma das minhas amigas mais próximas largou o emprego de alto status logo após completar 40 anos. Fiquei um pouco surpreso, porque sua identidade e seu trabalho sempre me pareceram muito entrelaçados — e ela definitivamente não me parecia propensa a uma "crise de meia-idade". Ela sempre foi uma pessoa super pé no chão, aparentemente em contato com seus valores e fazendo o seu melhor para viver de acordo com eles. Algumas semanas depois de se demitir, saímos para uma caminhada e, enquanto a calma de apenas estar em nossos corpos, no "silêncio" barulhento da natureza, se instalava sobre nós, perguntei como ela estava. Sua resposta bateu forte.

Ela me disse que, embora achasse que esse marco na idade não era tão importante para ela, com a vinda da data do aniversário, se viu ruminando sobre sua própria mortalidade e se encheu de pavor. Espreitando dentro desse pavor estava o fato de que ela não estava exatamente feliz — na verdade, talvez estivesse com uma tristeza leve e permanente. "Durante toda minha vida fui orientada a conquistas", contou ela.

> Sabe, meus pais mandavam mensagens assim: "Você tem que ter boas notas, tem que ir para uma boa faculdade, ser médica, ou advogada, ou professora, tem que ter um trabalho de alto status". E cresci cercada por pessoas que acreditavam nas mesmas coisas, então fiz o mesmo. Mas não importava o que eu fizesse, sempre sentia que poderia e deveria ter feito melhor. Poderia ter ido para uma faculdade ainda melhor. E então fiquei em êxtase por ter entrado nessa carreira dos sonhos.
>
> Porém, logo comecei a sentir que qualquer título ou classificação que eu alcançasse nesse campo deveria ter sido conquistado antes. E, sabe, em todas as etapas, sentia como se tivesse falhado em algum requisito. Meu orgulho e prazer nas conquistas sempre desapareciam rapidamente, e eu me concentrava no que não tinha feito ou no que precisava fazer a seguir. Mesmo assim, sentia que era o meu trabalho que fazia as pessoas pensarem que eu era interessante, legal ou inteligente. Sentia que, sem isso, perdia minha identidade e ninguém se interessaria por mim.
>
> Mas por volta dos 40, reparei que, *fiz isso por toda a minha vida, e não me trouxe felicidade*. Ainda não sinto que conquistei algo. Não sinto que atingi o patamar que deveria ter atingido, qualquer que seja. E então me ocorreu: não vou atingir. Essa régua sempre subirá. Então, o que eu estou fazendo? Buscar aprovação externa nunca me trouxe nenhum senso de bondade; só fez com que me sentisse uma fracassada permanente.

Enquanto conversávamos sobre o processo de descobrir como nos validamos, percebi que a necessidade de aprovação de minha linda amiga era como um vício — ela precisava continuar aumentando a aposta de validação para que a próxima dose de aprovação tivesse o mesmo impacto. Quando você está preso no lado sombrio da busca por validação, até pode conseguir aprovação, mas ela é efêmera e insustentável. Quando confiamos nela para nossa autoestima, ficamos presos em um ciclo muito parecido com o vício. Ser elogiado, parabenizado e notado é *muito* bom. Tornamo-nos viciados em validação, dependentes dela para entorpecer as sensações desconfortáveis de vergonha, demérito e falta de amor que desenvolvemos. Torna-se uma necessidade insaciável.

Uma das formas mais comuns de encontrar alívio para nossos desejos de validação e aprovação é por meio das redes sociais, que podem ser uma ferramenta de conexão, claro, mas também se tornar absolutamente tóxicas, plataformas para buscar validação e elogios em vez de conexão. Dessa forma, infelizmente, elas imitam muito bem a vida real. A maioria de nós usa os celulares e percorre as redes sociais de forma desenfreada, sem limites. Quantos de vocês tentaram afastar o celular para conseguir trabalhar ou até mesmo anunciaram que estavam "fazendo uma pausa nas redes sociais" e logo em seguida pegaram o aparelho de novo para tomarem uma nova dose? Isso é um vício? Se não for, parece demais.

Enquanto isso, vendem mais coisas para nós em nossos celulares e conseguimos nossa atenção e sentimento de conexão a partir de pessoas que não conhecemos na vida real ou a quem estamos mostrando um retrato muito limitado e curado de nós mesmos (e vice-versa). É muito bom postar uma foto e receber emojis de fogo ou postar uma declaração política e ouvir a câmara de eco dizer que você é muito correto, e ficar *atualizando, atualizando e atualizando* o feed a cada milissegundo.

A Dra. Wurzman, neurocientista que nos ajudou a entender a relação entre solidão e vício, também me explicou que as redes sociais ativam o corpo estriado, o centro de recompensa do cérebro. Segundo ela, as redes nos fazem pensar que estamos conectados quando na verdade não estamos, estimulando as partes do cérebro que são despertadas pelas recompensas sociais. Elas são muito boas em garantir nosso engajamento por meio de estímulos altamente gratificantes (recursos visuais atraentes, leves jorros de informações etc.), mas suas recompensas são intrinsecamente menores do que a conexão social individual que não é mediada por uma tela. De acordo com a especialista: "É como comer carboidratos: você come uma fatia de pão de forma, é deliciosa e te dá um pouco de energia, mas depois a onda passa. Não é renovável. Não é nutritivo".

A triste verdade é que passar o tempo nas redes sociais, que mudam e evoluem o tempo todo, nos joga em um ciclo de rotação do que precisamos, do que não temos, de não nos sentirmos suficientes. Reforça a noção falha de que quanto mais temos, mais felizes somos. A cultura da ganância depende do nosso vício nesse tipo de validação. Quando se vive pela inverdade de que as coisas certas farão com que se sinta bem — as roupas certas, o carro certo, a educação certa, o endereço certo — todas as coisas que você não tem se tornam a evidência cabal para que acredite, todos os dias, na mentira de que não tem um lugar no mundo, de que não é bom o bastante. Então, você compra mais, consegue mais.

Mas a sociedade diz que nunca se terá o suficiente; portanto, nunca se será suficiente. No budismo, esse tipo de ciclo é chamado de sofrimento. O sofrimento é abrangente. Quando se vive de uma maneira em que o que se tem dita a autoestima, então sempre se estará longe de vivenciar uma conexão verdadeira com as pessoas.

A maneira mais simples de afrouxar o controle sobre a necessidade de validação não esclarecida é atualizar seu código de ética. Claro, chamar de "simples" não é certo, porque estou falando de trabalho vitalício — mas não é difícil de entender — dessa forma, é simples.

Se você vive por um código de ética ou de moral mais elevado, significa que é consistentemente gentil com outras pessoas, gentil consigo mesmo, cuida de outras pessoas, pratica compaixão, e se não pode ajudar os outros, pelo menos não os magoa; se está fazendo o que eu chamo de básico — se você tem essa base de moralidade, então sua mente está mais relaxada porque não está pensando demais nas coisas que fez de errado, nas coisas que não fez ou deveria ter feito. A necessidade de afirmação de sua própria dignidade não é tão voraz, porque você atinge um estado no qual sabe que age com amor e compaixão. Quando a mente fica mais relaxada, abre-se o acesso à verdadeira natureza da mente, que é inatamente benevolente.

Como eu disse, esse é o trabalho de uma vida. No entanto, mesmo que estejamos trabalhando nisso, ainda precisamos nos esforçar para estar em contato com a validação esclarecida e fazer o nosso melhor para resistir ao lado sombrio da validação. A surpresa é que a melhor maneira de realmente se familiarizar com a validação esclarecida é oferecê-la aos outros.

Prática: Afirmar o Bem nos Outros

Este exercício é focado na validação *emocional*. Em outras palavras, trata-se de expressar a aceitação da experiência emocional de outra pessoa, quer esteja ou não de acordo com ela (porque isso não é sobre você e como você vê o mundo). Quando você valida os sentimentos de alguém, valida que a *vivência* dessa pessoa é importante. E quando você valida que a vivência de outra pessoa é importante, está validando o valor e a importância dela, exatamente como ela é — está afirmando a bondade essencial dela. Como somos interdependentes e existimos apenas no contexto do outro, pode ser profundamente significativo ter alguém reforçando que existimos como a própria benevolência. Dessa forma, a validação emocional empática é uma forma poderosa de validação autêntica e esclarecida.

- Primeiro, entenda que a validação emocional é um processo que começa com a *escuta* ativa. Quando alguém estiver expressando seus sentimentos para você, independentemente de quão desafiadores possam ser, dê total atenção e faça contato visual. Sinalize com seu corpo que está *presente* e atento. Não os interrompa.
- Em seguida, quando alguém termina de expressar seus sentimentos, você pode *refletir* e *espelhar* o que foi dito. Não tente resolver problemas, não ofereça conselhos, *não minimize os sentimentos deles* ("Acho que você pode estar exagerando"; "Talvez não tenha sido isso que eles quiseram dizer") e não fale sobre você ("Isso lembra a época em que minha irmã estava brava comigo porque..."). Refletir e es-

pelhar significa demonstrar que você os ouviu e entendeu, reconhecendo o sentimento e a situação: "Você está carregando muitos fardos; não é de admirar que sinta que seu parceiro não esteja fazendo tanto quando você". Observe aqui que você não está concordando que o parceiro não está fazendo a parte dele; está afirmando o sentimento de sua amiga, sua experiência.

- Ofereça *apoio* e use uma linguagem de validação — você pode dizer coisas como "Estou aqui para você" ou "Podemos conversar o tempo que você precisar" ou "Do que você precisa?" Por favor, não ofereça banalidades como "Não se preocupe, vai dar certo" ou "As coisas sempre acontecem por um motivo". Frases como essas não confortam; em vez disso, expressam *nosso desconforto* com ressentimentos e situações dolorosas — são essencialmente uma maneira de encerrar uma conversa quando não sabemos o que dizer. Você não sabe o que dizer? Reconheça a dificuldade — "Isso parece muito difícil/pesado/doloroso/frustrante" — não precisa fugir do tema.

Afirmar o bem nos outros, especialmente quando eles estão vivenciando sentimentos desafiadores ou expressando uma resposta emocional com a qual se pode não concordar, é uma maneira poderosa de oferecer uma validação autêntica. Fazer isso também é um remédio poderoso para si mesmo, porque requer muito trabalho pesado da sua parte — é preciso sair da sua rota, se conectar e, para isso, é preciso ser vulnerável, e essa vulnerabilidade tem que ser honesta para causar impacto.

Isso é útil para dar validação aos outros em geral — por exemplo, expressar admiração por outra pessoa ou elogiá-la. E quando fazemos isso por pena ou como uma resposta automática, quando não há verdade na validação? Esse é o lado sombrio da validação, a validação não esclarecida. A verdadeira validação significa ver a pessoa por quem ela é e deixá-la saber que é vista. Nossas boas qualidades são quem somos; nossas más qualidades estão aqui para nos mostrar quem não somos. Infelizmente, nos identificamos demais com elas. Quando somos capazes de lembrar às pessoas do melhor de si mesmas de uma maneira autêntica e significativa, não estamos apenas nos conectando com elas, estamos ajudando-as a se conectarem com a verdade de si mesmas: sua bondade fundamental.

Não se Trata de Consertar Pessoas

Aceitar as pessoas como são, tal como fazemos quando oferecemos validação autêntica, é um dos fundamentos inegociáveis da amizade sagrada. Quando temos uma amizade sagrada ou comunidade sagrada, *devemos* entrar no relacionamento com plena aceitação de que as pessoas são quem são e onde estão. E, no entanto, a incapacidade de fazer isso não é apenas um dos maiores, mas também um dos mais comuns obstáculos para construir e sustentar conexões profundas. Quase todos nos envolvemos, no passado, presente ou futuro, no que chamo de "Síndrome do Consertador": a crença de que podemos e devemos consertar as pessoas e seus problemas (ou a crença de que sabemos quais são seus problemas).

Entregar-se a essa ideia equivocada é uma das maneiras mais comuns de atrapalhar nosso próprio caminho na amizade sagrada. Veja, todos nós já tivemos um relacionamento, romântico ou platônico, onde há aquela coisinha (uma só?) que gostaríamos de poder mudar no outro, seja um apartamento sujo, a falta de ambição ou um bom humor constante (sério, que coisa chata). Enquanto isso, nem é preciso dizer que todos nós poderíamos nos consertar um pouco. Mas o fato é que seu melhor amigo, namorado ou irmão pode não mudar tão rapidamente quanto você gostaria, ou nem mesmo mudar. E está tudo bem, tem que estar. Vamos falar disso.

Tendemos a adotar o comportamento de Consertador em dois contextos diferentes: quando há um problema — e quando não há. Ué, não é sempre assim na vida? Nossa, melhor dar uma olhada nesse pensamento dualista. Beleza, agora, falando supersério, às vezes, quando submetemos outra pessoa ao comportamento do Consertador, ela realmente *está* com dificuldades, e achamos que estamos ajudando a corrigir o problema. Esse é o cenário 1. No cenário 2, acreditamos que a outra pessoa está com dificuldades, que ela tem um problema, quando, na verdade, está perfeitamente bem. Achamos que há um problema quando não há, porque *nós* queremos que a pessoa faça algo diferente, esteja em um caminho diferente, mesmo que não se sinta estagnada ou infeliz.

O comportamento que fundamenta o Consertador em ambos os cenários é a mentalidade de que "eu sei mais". A Síndrome do Consertador muitas vezes se disfarça de profunda empatia e compaixão, mas não é nada disso — ela, na verdade é *a sede insaciável* de saber mais do que o outro. No caso em que uma pessoa com quem nos importamos *está* passando por dificuldades — está infeliz no trabalho, em um relacionamento difícil ou tem uma experiência traumática passada que continua causando impacto e limitando sua vida, por exemplo — e insistimos que sabemos como resolver seu problema melhor do que ela, não apenas estamos nos comportando como se soubéssemos mais sobre o problema do que a pessoa que o vive, como também não a aceitamos. (Dica: acreditar que uma pessoa não está fazendo o que deveria para resolver um problema automaticamente significa que você acredita que sabe mais, independentemente de sua insistência de que está "só tentando ajudar".) A intenção de consertar sempre indica que não aceitamos, tanto a pessoa, quanto o próprio problema.

Para se conectar verdadeiramente a uma pessoa e ajudá-la a se curar, é preciso, primeiro, aceitar radicalmente essa pessoa. É o mesmo que acontece com o trauma: o primeiro passo para curá-lo não é consertar o problema; é aceitar o problema (lembre-se, aceitação não significa aprovação; significa deixar de discutir com a realidade). É preciso que haja em seu coração uma aceitação radical e profunda da pessoa e da situação. Não pode ser uma compreensão intelectual, na qual se sabe que deve aceitar, mas ainda resta uma vontade persistente de consertar. Há que se chegar a um ponto em que sua visão do problema não seja mais binária (o problema é ruim e precisa ser consertado, ou, agora que foi consertado, está tudo bem), mas não dual: o problema é o que é, e seu objetivo é oferecer compaixão apoiando a pessoa da maneira que ela precisa, se quiser.

Honestamente, isso pode ser bem simples: quando uma pessoa vem até você com um problema, pergunte: "Você quer soluções ou quer conforto?" ou "Quer desabafar ou resolver um problema?" Sem julgamento e consertos, você pode tentar perguntar: "Quais são suas necessidades?" Você sabe que está no modo Consertador quando oferece conselhos que as pessoas não pediram. Sabe quando respondem "você não entende" depois de compartilharem? Sabe quando rejeitam sua ajuda repetidamente? Isso quer dizer, com quase 100% de certeza, que você estava no modo Consertador.

No caso do segundo cenário, geralmente estamos em conflito com duas maneiras de estar no mundo, duas perspectivas, duas abordagens diferentes da vida. Talvez seu parceiro trabalhe como barista durante o dia para ganhar dinheiro e, nas horas vagas, escreva peças e esteja profundamente envolvido no teatro comunitário. Ele está contente, mas você se recusa a acreditar nisso. Seus pensamentos são algo como "Como ele pode estar feliz de verdade se o dinheiro está apertado/se ele não vê o teatro como uma *carreira*/se ele é tão talentoso, mas não deixa luz dele brilhar?"

Como resultado, você constantemente está incentivando-o a se inscrever na pós-graduação em teatro ou a fazer amizade com um dramaturgo de sucesso que você conhece por meio de amigos de amigos ou a se candidatar a um emprego — qualquer um — em um teatro grande da sua cidade. Todos esses são "consertos" para um problema inexistente. Esses pensamentos são sobre você e como *sua* mente funciona, sobre *suas* necessidades na vida. Você está identificando um problema que não existe e identificando o que *percebe* como uma falha na ambição de parceiro, embora não haja nada inerentemente bom ou ruim na ambição.

Esse desejo de mudar alguém é o oposto de aceitá-lo. Você está literalmente dizendo: "Eu quero que você seja diferente de quem é". Essa tentativa de "consertar" alimenta a ideia de que a perfeição existe, isso não procede, e ainda dá poder ao seu lado crítico, que acha que sabe o que é melhor para todos. Também é uma recusa em reconhecer que cada um de nós tem necessidades diferentes, caminhos diferentes, decorrentes de nosso próprio impulso cármico único e complexo. Da próxima vez que se deparar pensando em como alguém poderia melhorar de vida, pare e concentre-se nesse desejo como um espelho que reflete *seus* valores e necessidades.

Por exemplo, se você quiser que seu ente querido mude de emprego, pergunte a si mesmo: "Eu ficaria feliz em fazer um trabalho X?" É provável que a resposta seja não, e esse "não" é muito útil — sinaliza que você está projetando. (Se houver uma pequena possibilidade de que a resposta seja sim, então é possível que seu ente querido precise de mudança, mas lembre-se — seu único trabalho é aceitar e apoiar.) Fazer isso também ajuda a mantê-lo em um estado expansivo, em vez de contraído, lembrando-o de que sua maneira de ser é apenas uma maneira de estar na multiplicidade interconectada do próprio ser.

Analisando bem, em ambos os casos a Síndrome do Consertador está enraizada na *superioridade* ("Eu sou melhor do que você"), *julgamento* ("Você não é bom o suficiente"), *autocentrismo* ("Eu sei mais") e *poder* ("Eu posso controlar"). Por mais que pensemos que estamos fazendo o bem, o impulso de consertar não está enraizado no amor. Uma das partes mais complicadas da Síndrome do Consertador é que você provavelmente *é* uma pessoa compassiva, agindo a partir da crença de que pode impedir que a outra pessoa sinta dor, sofrimento ou desconforto.

Porém, nenhum de nós pode controlar a realidade de que todos passaremos por dor, sofrimento e desconforto em algum momento. E a ilusão da Síndrome do Consertador de que se está fazendo a coisa certa é tão persuasiva que, quando a pessoa na extremidade receptora do seu "conserto" irrompe com ressentimento e raiva, você pode acabar ficando confuso e incomodado. Pode até pensar: "Que papo é esse? Só quis ajudar! Estava sendo gentil e generoso", mas está tão perdido no poço do Consertador que não tem ideia do que fez de errado. Perdeu a perspectiva e a autoconsciência. E, sobretudo, o que está faltando em sua abordagem é empatia e aceitação.

Devemos sempre lembrar que não sabemos como é estar na cabeça de outra pessoa. Não sabemos como é ter as muralhas que ela tem no coração. Não sabemos como é viver no corpo dela. Não sabemos como é sentir a dor que está carregando. Você deve se humilhar para aceitar ativamente todas as camadas sutis da pessoa e do problema, se houver um — tanto o que sabe quanto o que não sabe. Não é preciso falar nada. Nesse nível, é o seu sistema nervoso falando com o sistema nervoso do outro: você está seguro comigo, pode ser você mesmo, é inatamente bom, e eu vejo a sua bondade.

A aceitação é uma prática contínua, não um ato único que *magicamente* dissolve seu desejo de consertar; é uma escolha feita repetidas vezes. Também é uma prática difícil, porque pede que se coloque o poder de volta nas mãos de outra pessoa, mesmo *que ela* se sinta impotente. Mas, uma vez que aceitamos sem sombra de julgamento, podemos nos abrir para a terceira verdade, para dar espaço ao *algo mais* e encontrar prazer nisso. Na maioria das vezes, é quando *desapegamos* do controle que vemos a mudança. Não é coincidência que, muitas vezes, *depois* do fim do relacionamento, as pessoas veem um ex enfim conseguir fazer as mudanças na vida que desejava, como obter um emprego melhor, ter mais comprometimento, ou até mesmo um corte de cabelo novo. E, embora possa ser fácil se ressentir por essa pessoa não ter feito essas coisas quando estava com você, o caminho do universo é assim: geralmente, libertar-se *de algo* cria liberdade *para algo*.

Todavia, a Síndrome do Consertador é muito sedutora. Falo por experiencia própria. Eu era um deles. Vários anos atrás, meu namorado terminou comigo, cansado das minhas tentativas de "ajudá-lo", cansado da minha incapacidade de *apenas ouvir* o que me dizia. O término foi devastador e fiquei com o coração partido.

Apesar — ou talvez por causa — de todo o trabalho que eu havia feito em meu eu interior e na autoconsciência que o acompanhava, esse fim me pegou de surpresa (embora, no fundo, soubesse que estava por vir). Não entendia mesmo o *porquê*; eu não *conseguia*. Quando meu namorado se mudou da nossa casa, passei por uma solidão que nunca havia passado na vida, nem mesmo quando morava no Brasil e era um adolescente no armário ou na casa dos 20 anos, quando saí da indústria da moda de Nova York humilhado, não exaltado.

Um dia depois de voltar da aula de dança do êxtase, deitei na cama e implorei com todo meu coração: "Por favor, me diga: o que eu fiz de errado nesse relacionamento. Por que ele terminou comigo? O que deu errado? Ajude-me a entender onde errei; mostre minha parte". Os olhos da mente começaram a piscar imagens de todas as vezes que não o ajudei quando ele precisava, porque eu achava que sabia mais. As vezes em que não respeitei seus limites da maneira que ele queria que fossem respeitados, porque eu achava que sabia mais. Os momentos em que não o honrei como um homem soberano, forte e sábio, porque eu achava que sabia mais.

Eu não sabia de nada.

Refletindo, ficou claro para mim que eu estava julgando meu namorado e expondo esse julgamento por meio de minhas ideias "úteis" sobre como ele poderia ser mais "bem-sucedido". Enquanto ele procurava por mais sentido em seu caminho, estava olhando para dentro, não para mim, em busca de respostas. Pensei, equivocado, que, como eu era aparentemente mais bem-sucedido pelos padrões da sociedade, isso me tornava um especialista em como ajudá-lo. Permiti que *minha* realidade externa ditasse como lidar com a realidade interna de outra pessoa. Um pensamento totalmente falho.

Deixei que minhas conquistas e popularidade atrapalhassem minha visão do fato de que ele cuidou bem de si mesmo ao longo da vida, que se virou muito bem o tempo todo — sem minha intromissão. Foi muito doloroso refletir sobre como eu achava que sabia do que ele realmente precisava ou o que devia querer — como eu tive sucesso em certas áreas da minha vida, achava que sabia como ajudá-lo a chegar lá também, cheguei até a pensar que ele queria a mesma coisa.

Meu namorado e eu voltamos a ficar juntos depois (por um tempo), mas tive que me comprometer de verdade a praticar a aceitação, a me lembrar de que meu trabalho, minha docência e meus estudos não me tornavam imune à Síndrome do Consertador (e isso ainda poderia me tornar *mais suscetível* a ela). Tive que aceitar que nosso ritmo era diferente — meu namorado gostava de cochilar e eu não parava nunca. *E* ele conseguia ler um livro *inteiro* em um dia, enquanto eu levava quinze minutos para ler uma única página (obrigado, dislexia). Sou um aprendiz auditivo, ele absorvia informações escritas como uma esponja. A aceitação inabalável de nossas muitas diferenças me permitiu ver a terceira verdade para nós: a natureza complementar de nossas diferenças, o dar e receber, as idas e vindas, o ritmo que mantinha tudo se movendo entre nós.

Claro, é possível aceitar que alguém está em um ponto da vida e decidir que não é onde você quer estar. A aceitação nunca será sobre complacência ou se tornar um facilitador de comportamentos prejudiciais. É possível aceitar alguém com amor e compaixão e ainda determinar que não se quer estar em um relacionamento com essa pessoa. Quando se trata de certas pessoas, você terá que dizer (usando sua voz interior aqui): "Eu te aceito e te amo genuinamente, e no momento o jardim do meu mundo interior não é congruente com suas habilidades de jardinagem. Então tenho que me retirar e revisitar algum dia, quando for a hora certa". (Sempre temos que revisitar, embora isso não precise ser uma revisão literal do relacionamento; pode significar simplesmente fazer as pazes com o passado para testar a profundidade da nossa presença.)

Fica muito mais complicado quando você quer permanecer no relacionamento com uma pessoa, mas sente que suas necessidades não estão sendo atendidas. É aí que as coisas muitas vezes ficam confusas — quando confundimos o desejo de ter nossas necessidades atendidas com o desejo de mudar outra pessoa. Não são a mesma coisa, embora, a princípio, possam parecer. Querer que alguém consiga um emprego mais bem remunerado não é, na verdade, a mesma coisa que precisar de ajuda para pagar as contas (nesse caso, supondo que você mora com essa pessoa e concordou anteriormente em dividir o fardo financeiro de manter as luzes acesas).

O problema é que temos certa incapacidade de aceitar as pessoas e, ao mesmo tempo, de saber como comunicar que as mudanças precisam ser feitas em *um relacionamento* e não em uma pessoa. Concentrar-se em suas necessidades e não no que está "errado" com outra pessoa (ou seja, o que ela precisa mudar) é um salva-vidas de relacionamento que também desenvolve nossos músculos de aceitação. Parte disso significa interrogar o que está abaixo do seu desejo de que a outra pessoa mude; lembre-se de que o desejo é, ao fim e ao cabo, sobre o que *você valoriza* e reformule-o à luz disso. Pergunte a si mesmo: "Eu gostaria que ela não fosse tão bagunceira", na verdade é "eu preciso de um ambiente organizado para evitar me sentir superestimulado?" O que seu desejo de que outra pessoa mude pode lhe dizer sobre suas necessidades? Levando em conta quem é e como foi seu desenvolvimento pessoal, do que *você* precisa?

A outra parte de aceitar as pessoas enquanto comunica simultaneamente as mudanças que precisam ser feitas em um relacionamento é expressar suas necessidades com amor e compaixão para que isso seja realmente sobre você e não um julgamento do outro. Porque *não é sobre o outro*. Você pode validar o que está dando certo, se desejar, mas sua tarefa principal é comunicar sua necessidade, não importa qual seja, de forma simples e direta, de um lugar de emoção neutra (em outras palavras, vir de um lugar de aceitação, sem julgamento, culpa ou ressentimento): preciso de ajuda para ir ao mercado, preciso que minhas mensagens sejam respondidas, preciso fazer planos, preciso de mais contato, preciso de ajuda para limpar a casa.

Ao fazer isso, está convidando o outro para onde você se encontra. Está pedindo que se junte a você; está estendendo a mão em vez de recolhê-la ou usando-a para afugentá-los. O segredo aqui é ter um limite sem se apegar muito a um resultado. Digamos que você tem um amigo próximo, mas não se sente totalmente seguro na amizade, não se sente totalmente valorizado, porque ele costuma dar bolo no último minuto. Você pode dizer: "Preciso passar mais tempo de qualidade juntos". E ele responde: "Eu adoraria". O próximo passo é ser mais específico sobre como gostaria que essa necessidade fosse atendida, mantendo o foco em você: "Ok, legal. Obrigado por dizer isso, Drew. Significa muito para mim. Sinto que, em geral, sou eu quem geralmente marca as saídas. E me sinto desapontado quando você cancela no último minuto. Houve três ou quatro vezes que isso aconteceu recentemente, então podemos nos comprometer a sair duas vezes este mês? E vamos fazer assim: eu marco um rolé e você marca o seguinte, pode ser?"

Essencialmente, o que está sendo feito aqui é estabelecer um prazo e um conjunto de expectativas — esses são seus limites, o que está ou não disposto a aceitar. Se não possui limites saudáveis (que não são nem muito rígidos nem muito flexíveis), terá dificuldade em atender às suas necessidades — será inflexível ou deixará que as pessoas passem por cima de você. Portanto, tenha um prazo, uma expectativa de que a necessidade seja atendida da maneira que deseja, mas nunca se apegue ao resultado com muita força — isso sempre o deixará infeliz, pode confiar. Quando falamos de nossas necessidades a alguém e estendemos nossa mão, também precisamos estar abertos à possibilidade de que esse alguém pode atender ao nosso pedido de uma forma diferente da que esperamos.

Permita que as pessoas o surpreendam e permita-se ter suas necessidades atendidas de maneiras que podem não corresponder às suas expectativas. Há uma razão pela qual Buda enfatizou o caminho do meio em seus ensinamentos. Talvez seu parceiro não esteja contribuindo financeiramente da maneira que você precisa — mas tem reuniões criativas com você, e isso foi essencial ao pensar o tema do seu próximo livro. Talvez ele seja seu primeiro e melhor leitor, cheio de sugestões perspicazes, é incrível em ter uma ideia após a outra. E então, o livro tornou-se um sucesso. Você está ganhando dinheiro, se afogando em elogios e recebendo uma onda de apoio do universo. Sim, a divisão do aluguel pesa mais para você do que para seu parceiro, mas vai mesmo terminar porque acha que ele não atende às suas necessidades (dividir as contas mais igualmente)? Ele *atendeu* às suas necessidades — a generosidade dele com a criatividade, a inteligência e o tempo gasto foram fundamentais para o sucesso do seu livro.

Enfim, muito do relacionamento é sobre atender às nossas necessidades, especialmente às essenciais: a necessidade de pertencer, de se sentir conhecido e aceito, de importar para alguém, de se sentir seguro. As necessidades são o que orientam e motivam tudo o que fazemos na vida. No nascimento e na infância, confiamos nos outros para atender à maioria das nossas necessidades. Mas na idade adulta, há certas necessidades que somente você pode atender para si: a necessidade de se amar incondicionalmente, de cuidar do seu corpo, de se levantar quando cair.

Todavia, fazer isso é expansivo — ao atender às suas próprias necessidades, está praticando a atenção à necessidade do outro e que eles tenham atenção à sua. Quando você atende às suas necessidades, está sendo compassivo consigo (prevenindo e aliviando seu próprio sofrimento). Como em tudo na vida, quanto mais treino, mais habitual a coisa fica. Tornar-se compassivo consigo mesmo desenvolve o hábito da compaixão em geral. E quando se é compassivo no relacionamento, se trabalha para construir uma ponte que seu amigo, amor ou membro da família possa atravessar e chegar até você.

Capítulo 3

Seja um Jardineiro Espiritual

Quando falamos sobre amizade sagrada, sobre ser um jardineiro espiritual, estamos falando de duas pessoas trabalhando juntas para se tornarem livres — em outras palavras, para libertar e serem libertadas. Lembre-se, não importa o quanto você trabalhou em si, não pode se libertar sozinho. Por isso, reunir o maior número possível de "amigos", buscar validação superficial, tentar consertar as pessoas falha tão miseravelmente conosco quando se trata de nos sentirmos verdadeiramente conectados. Todos esses hábitos e comportamentos estão enraizados em condicionamentos que reforçam a ilusão de que estamos separados — que não apenas nossas tristezas, mas também nossas alegrias, são apenas nossas, e esse relacionamento em si é, no fim das contas, um jogo de soma zero.

Quando se trata de amizade sagrada, porém — de ser um botânico da benevolência, da bondade básica de cada um — ajustar isso é entrar em uma amizade rigorosamente orientada para a libertação, para que, dentro dela, se possa dar tudo de si, realmente se dedicar a ser um amante radical, oferecendo compaixão sábia e entregando honestidade habilidosa.

Chegou a hora. Você preparou seus canteiros de jardim, encheu-os com terra rica em nutrientes e lavrou o solo — disponibilizou-se para a amizade sagrada. Agora está pronto para identificar as espécies invasoras que tomam conta do seu jardim — nossas ideias culturalmente distorcidas de amizade — e substituí-las por plantas nativas, os fundamentos da amizade sagrada. Já peguei *meu* chapéu de sol, minha espátula, minha pá, e minhas luvas (todas com estampa florida, só para avisar) — pegue as *suas*.

Liberdade e Amizade

Antes de mergulharmos, meu bem, há algo que eu preciso muito dizer. É o seguinte: não importa onde você esteja nesta jornada, é digno de amor e conexão. Digo isso porque muitas pessoas que conheço acreditam que, antes de entrarem em um relacionamento, precisam conquistar A, B e C primeiro (aqui eu falo de todos os tipos de relacionamentos, mas isso é especialmente válido para relacionamentos românticos). O problema é que, quando você diz isso a si mesmo, está sinalizando à sua mente que não é bom o suficiente, mesmo que essa mensagem esteja embrulhada na linguagem do autoaperfeiçoamento e amarrada com um grande laço vermelho.

Você está plantando sementes de indignidade em seu jardim cármico. Eu sei: a linguagem da autoajuda é muito sedutora quando se trata dessa ideia aparentemente óbvia de que ser "sua melhor versão" é um requisito para alcançar e estar em um relacionamento. Quer dizer, isso tem um ar de verdade, não tem? Há um brilho intuitivo na declaração, uma autoevidência reluzente. Mas não é verdade, está simplesmente errado.

Primeiro, pressupõe que você não merece as coisas por ser quem é agora — errado. Em segundo lugar, essa "melhor versão" muitas vezes é escrita em linguagem codificada que sustenta muitas coisas grosseiras: capacitismo, classismo, gordofobia. Essa "melhor versão" é sempre uma ferramenta de venda, literalmente — maquiagem, séries de perda de peso, aplicativos de terapia, nootrópicos caros para os hippies hi-tech — e, figurativamente, valores superficiais que apenas alimentam o ciclo de sofrimento e que não têm nada a ver com ser a "melhor versão de você".

Ainda assim, *acredito* que ser "a melhor versão de você" é uma condição da amizade sagrada. É que precisamos desaprender algumas coisas. Temos que interrogar qual é essa "melhor versão". Porque a verdade inescapável é que, não importa o quanto nos exercitamos, o quão cedo acordamos, o quão produtivos somos ou o quanto conquistamos, ainda não conheceremos nossa "melhor versão" se *essas* "melhorias" (argh) forem nossos objetivos. É somente quando ansiamos pela liberdade — pela libertação — e buscamos ativamente sua expressão que somos nossas "melhores versões". *Nossa melhor versão somos nós em busca de libertação.*

Você precisa ir atrás da libertação para ser um amigo sagrado. Lembra que, no início deste livro, descrevi a libertação como liberdade de nosso condicionamento, liberdade da ilusão de que estamos divididos e liberdade para estar no presente com uma mente fresca e um coração aberto? Ok, bem, é bem difícil praticar os fundamentos da amizade sagrada — ser um amante radical, oferecer compaixão sábia e honestidade hábil — quando não somos livres, ou seja, quando estamos operando sob os fardos de nosso condicionamento (familiar, cultural, religioso ou outro), nossa obsessão com o individualismo e nossas incessantes viagens ao futuro e ao passado. Ser livre é o trabalho de uma vida, um trabalho multifacetado e em constante evolução (veja, cada página deste livro é, afinal, sobre fazer esse trabalho), com certeza. No entanto, quando ler a palavra "libertação", não quero que pense nela como algo místico e super difícil de alcançar.

De muitas maneiras, a libertação é tão simples quanto a consciência estabilizada do momento presente. Sua mente está calma e concentrada. Está em repouso. Você está no mesmo local que seu corpo, e nele tem acesso ao seu coração. No contexto de *Espiritualmente, Nós,* poderíamos dizer que o eu liberto é uma mente que habita o corpo. É um coração aberto: alguém que não só tem a capacidade de cuidar de suas próprias necessidades, mas melhora o mundo ao fazer isso. Sua consciência uniu o benefício pessoal ao coletivo, de modo que são empreendimentos simultâneos.

Quando não estou em um estado *Espiritualmente, Nós,* estou trancado em minhas preferências, necessidades, vida. E é isso que nos faz sofrer — isolamento, essa visão de que temos que fazer a vida sozinhos. Quando estamos com a mente liberta, entendemos que nossa dor faz parte da dor coletiva, que nosso sofrimento faz parte do sofrimento coletivo. E que nossa alegria não é apenas nossa alegria; é parte da alegria do mundo, então se torna nosso trabalho expandir nossa alegria, porque não está apenas nos beneficiando, mas também a todas as pessoas. O propósito do relacionamento é ajudar um ao outro a evoluir, ser espelhos um para o outro, ver a bondade um no outro e desfrutar um do outro. A alegria é uma qualidade subestimada na espiritualidade, mas é crucial. Desfrutar de si mesmo pode plantar as sementes para ser apreciado pelos outros, vivenciando alegria no relacionamento. Está tudo conectado, sabe, e isso começa com você.

A liberdade é nossa verdadeira natureza, mas muito do que aprendemos na vida — o que fomos ensinados a valorizar, como status, e o que aprendemos a temer, como nossa vulnerabilidade — vai contra a liberdade. Não conhecemos nossa bondade básica, muito menos a do outro; não conhecemos nosso eu autêntico; não conhecemos nossa alegria autêntica. Em vez disso, vivemos por nosso condicionamento. A liberdade é a expressão ilimitada de quem você é *por baixo* de tudo isso. E é quando ansiamos por ela e buscamos ativamente sua expressão que somos o nosso melhor eu.

Muito do nosso sofrimento, da nossa falta de liberdade, se resume ao condicionamento. É ele que perpetua a ilusão de que estamos separados; que nos faz armazenar e patologizar, acreditar que somos nossos pensamentos e sentimentos, temer viver na verdade de nós mesmos. Portanto, libertar-se desse condicionamento é fundamental para ser um amigo sagrado, para nos orientarmos para a libertação. Parte do que a torna tão difícil é que nosso condicionamento é muito, muito bom em nos alienar daquilo que realmente valorizamos. Quando não sabemos o que valorizamos, é fácil ficar à mercê dos ventos da nossa cultura, perdermos de vista os aspectos da vida que a tornam verdadeiramente significativa. Assim, dedicar um tempo para parar e se concentrar de verdade, entrar em contato com o que valorizamos, é uma das maneiras mais poderosas de escapar da perspectiva limitante do nosso condicionamento. E viver em integridade com esses valores é uma das melhores ferramentas para nos mantermos livres.

Saber o que valorizamos também é fundamental para *fazer* amigos sagrados — é difícil nos cercarmos de pessoas que atuarão como botânicos em nossos jardins cármicos se nosso "catador de folhas estiver quebrado". Se os nossos valores são superficiais, atrairemos o superficial. Por valores, não digo aquelas besteiras hipócritas de "valores familiares" destinadas a envergonhar quem não se conforma com o sonho americano hétero, de classe média e cristão. Estou falando sobre suas *crenças profundamente arraigadas sobre o que importa e que, em teoria, motivam seus comportamentos.* Digo "em teoria" porque uma das nossas maiores fontes de sofrimento é que muitos de nós não agimos alinhados com nossos valores, e esse descompasso entre o que dizemos (para nós mesmos) e o que fazemos nos causa muita dor.

Podemos dizer que valorizamos "retribuir", mas passamos todo o nosso tempo livre assistindo à Netflix enquanto nos afundamos em nossos celulares para fazer compras na internet. Não há nada de errado com a Netflix ou em comprar sapatos lindos online, é claro. Mas você provavelmente não ficará satisfeito ou feliz se usar a maior parte de suas horas limitadas de folga em um (ou em ambos). Isso vai deixar um vazio em algum momento.

Por outro lado, quando nossas ações e comportamentos correspondem aos nossos valores, estamos vivendo em integridade. Não quero dizer que você precisa se voluntariar para cuidar de idosos todos os sábados (embora isso seria o máximo). Porém, se você valoriza a comunidade, por exemplo, deve estar procurando pequenas maneiras, todos os dias, de fazer parte de uma. Pode ser aprendendo os nomes de seus vizinhos e levando uma correspondência entregue incorretamente até suas casas. Pode ser participando de um grupo de corrida. A escolha é sua. A questão é que o que você *faz* reflete o que você *valoriza*. Ou deveria refletir.

Claro, o problema é que a maioria perdeu contato com o que valoriza. Quando deixei a indústria da moda em 2012, venerava a trindade dinheiro-poder-fama como meu Deus pessoal há tanto tempo que não tinha ideia do que realmente era importante. Meu senso de autoestima vinha do meu título, do dinheiro que eu poderia gastar e do contato que eu tinha com celebridades. Se alguém me perguntasse: "O que você valoriza? Quais são seus principais valores?", duvido que eu responderia "Status!" com orgulho. E não sei nem se eu seria capaz de responder qualquer coisa. Naquela época, nunca parei e me perguntei: "Com o que eu realmente me importo?" Eu estava tão insensível ao sofrimento do mundo que só notava o sofrimento se um estilista morresse. Sério. Meu coração não estava aberto para os outros. Eu estava obcecado demais com um pequeno fragmento da sociedade que considerava "elite" e "digno".

Mas meu "sucesso" não era nada mais do que uma fantasia que eu usava sobre minhas entranhas feridas. Tinha perdido completamente o contato com a minha autenticidade. Não sentia nada. Tudo parecia uma performance. Então, me inclinei para o caráter do excêntrico, exagerado e poderoso magnata da moda: cercado por "amigos", sempre pronto para "se divertir", "a alma da festa". Meu vício era um monstro insaciável. Nada era bom o bastante para mim. Eu queria sempre mais.

Só quando fui basicamente forçado a sair com o rabo entre as pernas, cambaleando de vergonha e medo, que comecei a questionar como estava vivendo. E só comecei a me conhecer quando segui um caminho de renúncia, abandonando tudo o que eu achava que me definia. Quando comecei a me soltar, senti uma profunda desilusão. Lamentei por ter permitido que o Deus da Ganância entrasse no lugar mais sagrado da minha vida. Mas essa desilusão aguçou minha curiosidade. Perguntas surgiram. O que me desperta? O que me move? O que faz meu coração disparar? O que me ilumina? O que me faz chorar? O que me inspira?

Expulsei o Deus dinheiro-poder-fama do meu altar e o substituí pela pergunta final: quão livre eu quero ser? Deixo essa pergunta orientar minha mente dia após dia. Percebi que, inconscientemente, cedi o domínio sobre minha mente e minha vida a coisas que não importavam. De repente, eu estava acordado e não estava mais dessensibilizado. Explorei o que importava para mim e passei a viver a partir desses valores, em integridade.

Você não precisa seguir um caminho de renúncia para se fazer essas perguntas, para cavar até o núcleo do que valoriza — embora a desilusão possa levá-lo até lá, como tende a fazer. Muitas vezes, ela é um convite à rendição, à organização, à renúncia, ao luto por você ter, infelizmente e inconscientemente, regurgitado, repetido, reciclado, copiado e colado os sonhos de outras pessoas como seus. Mas também *não é preciso* ficar com o coração partido. Você pode escolher chegar ao seu núcleo, e pode fazer isso agora.

Não estou falando de escrever uma lista de seus valores. Não vai chegar a lugar nenhum assim. Vai ser tipo: "Amor. Beleza. Sucesso". Um monte de abstrações. Essas palavras soam bonitas, mas não servem como lentes para avaliar como está vivendo sua vida — não o ajudarão a entender quais são seus valores de fato, muito menos de onde vêm ou se você está agindo a serviço deles. Amor, beleza e sucesso significam coisas muito diferentes para pessoas diferentes; não são específicos o bastante para serem guias em seu caminho de libertação. Em vez disso, quero que responda a algumas perguntas. Abra seu aplicativo de anotações, pegue um diário, vire uma página em um bloco de anotações amarelo com sua caneta japonesa favorita na mão (alguns de nós precisamos de ferramentas muito específicas quando fazemos nosso trabalho criativo, não é?). Escreva, não importa como.

Estas são as perguntas que quero que você faça, embora não importe em que ordem as faça. Pergunte a si mesmo: "Quem eu admiro?" Cite mais ou menos três nomes (de novo, não há regras rígidas). Podem ser pessoas que conhece na vida real ou não. A próxima coisa que quero que faça é escrever o que admira em cada um deles. Leve o tempo que quiser. Depois de entender tudo, reflita sobre suas respostas e veja se consegue identificar algum ponto em comum entre elas. Por exemplo, talvez você tenha escrito Ruth Bader Ginsburg, sua mãe e a tia Tereza, sua professora de piano na infância. Ao pensar em elementos que elas compartilham, observa que todas forjaram um caminho não convencional na vida para as mulheres de sua geração. O que foi preciso para fazer isso? Coragem. Resiliência Comprometimento. Mais uma vez, cave o mais fundo que precisar. A ideia é descobrir os valores que impulsionam o comportamento.

E, por fim, pergunte a si mesmo: "O que eu quero?" Você pode listar quantas coisas quiser, com a ressalva de que, para cada resposta, precisa perguntar: "Como seria isso?" ou "Por quê?" Então, por exemplo, se você escrever "Sucesso", precisará descrever como o sucesso seria para você. Talvez a resposta seja a casa própria, um salário específico e uma família. Ao ponderar, considere o que isso pode lhe dizer sobre o que realmente importa para você — neste exemplo, estamos falando de estabilidade.

Pergunte a si mesmo: "Quando me senti mais inspirado?" Por inspirado, quero dizer aquelas vezes que esteve em uma situação e saiu mais energizado espiritualmente, intelectualmente, emocionalmente, criativamente, até fisicamente, do que quando entrou. O mundo tinha um elemento de novidade. Sentiu uma sensação de otimismo, de esperança, de possibilidade. Ao identificar esses momentos, pense com quem estava, onde estava e o que estava fazendo. Por que foi inspirado e o que foi inspirado a fazer? Talvez fosse algo simples, com uma conversa depois do café com um amigo que o fez ver algo sob uma nova luz, ou você não via seu amigo há muito tempo e se lembrava de sua inteligência e autoconsciência, ou foi capaz de ficar sentado em silêncio verdadeiramente confortável e apreciar a luz filtrada pelas folhas no jardim aos fundos de um café. Talvez tenha pausado um projeto e estava animado para retomá-lo. Tente identificar os elementos que contribuíram para a inspiração: conexão, estar em paz, trocar ideias.

Pergunte a si mesmo: "Quando fui mais realizado?" Estamos falando de felicidade. A felicidade é uma emoção. Se você está satisfeito, provavelmente se sente feliz, mas é possível ser feliz sem estar satisfeito. A realização é um estado contínuo de ser no qual você tem um senso de propósito e ele está sendo cumprido. Chegar lá provavelmente envolveu desafios e frustrações, bem como felicidades. Mais uma vez, pense em onde estava, o que estava fazendo e quem estava em sua vida.

Há muitas outras perguntas que se pode fazer para aprofundar seus valores — quando você mais se orgulhou ou quais são seus pontos inegociáveis, por exemplo. Ao examinar as respostas e procurar padrões, pode começar a compará-los com a forma como está vivendo e identificar as discrepâncias ou ausências. Pode se perguntar se seu trabalho reforça seus valores. Todos nós temos necessidades a satisfazer, é claro — talvez o seu trabalho seja apenas isso: paga as contas. Isso também é legal — você está reforçando seus valores de outras maneiras?

Entretanto, talvez seu trabalho seja oposto aos seus valores e você perceba que precisa fazer uma mudança. Seus relacionamentos são um reflexo de seus valores? Seu estilo de vida os reflete? À medida que ganha clareza, pode decidir não só o que é importante para você, mas o que é mais importante e do que pode abrir mão. Talvez perceba que alguns de seus valores são herdados e não servem mais (se é que serviram). Embora nossos valores fundamentais provavelmente sejam companhias vitalícias, as prioridades desses valores podem mudar ao longo de nossas vidas à medida que crescemos, aprendemos, desaprendemos e mudamos a nós mesmos.

Saber o que realmente valoriza pode ajudá-lo a entender quem é, o que pode ajudá-lo a resistir ao condicionamento que perpetua tanto sofrimento. Seu eu mais verdadeiro vem de dentro, e o conhecimento dele provém do conhecimento de seu mundo interior — não de atender às demandas do condicionamento. Esse é o verdadeiro significado da "melhor versão". Sua melhor versão está sempre evoluindo, porque você também está. A jornada de autodescoberta e autoinvestigação dura a vida toda. Mas o arco dessa jornada está sempre se inclinando para a liberdade. Então, quando se pergunta se está trazendo o melhor de si para um relacionamento ou se tem o melhor de si para trazer para um relacionamento (você tem!), pergunte a si mesmo: como é o jardim da minha mente? O que fiz hoje para plantar sementes saudáveis e me orientar na direção da libertação? Que tipo de carma estou cultivando? Minhas próprias besteiras me deixaram embriagado? Estou pronto para me conectar de coração?

Ser livre requer trabalho contínuo. Você não tem uma epifania, torna-se livre e bum — será livre para sempre. Nosso trabalho passa a ser a manutenção da estabilidade da liberdade: nos mantermos autoconscientes, colocar isso à prova e verificarmos o alinhamento de nossos valores e ações. Não se torna especial de repente (você já era) quando se escolhe e pratica a liberdade. Não se ganha uma carteirinha de liberto para dar carteirada em quem não é. Todos vivemos no mundo e estamos sujeitos ao seu condicionamento. Não precisamos julgar a nós mesmos ou a nossos amigos por sermos humanos. Julgamento e superioridade não têm espaço aqui — apenas oriente-se em direção à alegria, verdade e liberdade sempre que possível e faça o seu melhor para se cercar de outros que estão trilhando o caminho.

Lembre-se: somos a companhia que mantemos. Do ponto de vista budista, se você tiver amigos virtuosos, terá uma vida virtuosa. Não tenha medo de se perguntar: "Minhas amizades são libertadoras?" Uma amizade libertadora não espera que você seja a mesma pessoa hoje que era ontem; ela o liberta da tendência culturalmente conectada de acreditar em uma identidade fixa baseada em um eu linear e imutável. Em uma amizade libertadora, aceitamos que cada um de nós é composto de infinitos aspectos dinâmicos em movimento que se juntam e desmoronam, morrem e renascem. Um relacionamento libertador lembra você do seu próprio destino constante de despertar completo. As relações libertárias celebram a impermanência de nossas dificuldades e desafios, reconhecendo que somos todos artistas e que nossas próprias vidas são obras de arte contínuas e colaborativas. Em uma amizade libertadora, você é desafiado a crescer; é inspirado; é cuidado, ouvido e acolhido.

Quanto mais você começar a se orientar para pessoas livres, mais se tornará um ímã de liberdade, mas também um radar de papo furado. Nos relacionamentos menos livres, pode oferecer ferramentas para se tornar livre estando profundamente presente com a outra pessoa. Uma das principais coisas que erramos em relacionamentos de todos os tipos é nos permitirmos ser governados por nossa distração insaciável. Quando estamos distraídos, não vivemos o momento. Quando não vivemos o momento, sentimos falta da poesia da vida. E quando perdemos a poesia, perdemos a oportunidade de ser o botânico, de levar bondade e beleza aonde quer que vamos.

Quando estamos presentes, nossas mentes ficam menos pegajosas. Nós nos desapegamos mais facilmente, nos concentramos menos nas falhas das pessoas. Quando estamos presentes, aceitamos a realidade sem julgamentos. Nossa visão é abrangente, não dualista. Isso é liberdade. O poeta sufi Rumi descreveu essa liberdade quando escreveu sobre um campo "além das ideias de fazer o mal e fazer o certo", instruindo o leitor a encontrá-la nesse lugar.[1] Quando testemunhamos alguém, quando podemos estar profundamente presentes com outra pessoa, estamos, como Rumi, convidando-os a nos encontrar nesse campo, a experimentar o que é ser livre.

Quando você está livre, não é tomado por suas emoções, não acredita em cada pensamento que passa. É capaz de ser flexível em sua mentalidade, dar e mostrar amor livremente; não está firmemente apegado e está curioso sobre a vida com a mente de um iniciante. Você é capaz de dançar com a impermanência e fazer as pazes com seu passado, sem ruminar sobre ele ou regurgitá-lo no presente. Não tem mais medo do futuro. Tem a capacidade de ficar à vontade com o fato de que todos vamos morrer; fez amizade com sua mortalidade. Você tem aceitação da experiência humana completa — tanto a dor quanto a beleza. Busca fatos, mas acolhe o mistério. Está vivendo de seus valores, e nossos valores são o que fazem nossos corações ganharem vida.

A amizade é para os Amantes

A liberdade do nosso condicionamento torna muito mais fácil dar e receber amor e compaixão radicais, que juntos são a força vital da amizade sagrada. Quando estamos livres de nosso condicionamento, estamos livres da ilusão de que estamos divididos, que precisamos ou até podemos viver sozinhos. Entendemos nossa interdependência e interconexão, e torna-se mais natural amar radicalmente, ser compassivo.

Do ponto de vista do budismo tradicional, o amor e a compaixão são, em certo sentido, duas faces da mesma moeda. Em sua essência, amar é *trabalhar para dar apoio à felicidade de outra pessoa* e ser compassivo é *se esforçar para aliviar o sofrimento de outra pessoa*. Em ambos os casos, não estamos falando de sentimentos, mas de *ações*. Fazemos essas ações porque entendemos que o desejo de ser feliz e o desejo de estar livre de sofrimento são universais. Para muitos de nós, no entanto, envolver nossas mentes em torno da parte "ações-não-sentimentos" pode ser um desafio, *especialmente* quando estamos falando de amor.

Ok, bestie, do *que* você fala quando fala sobre amor? Aqui no Ocidente, geralmente queremos dizer amor romântico, que exaltamos como uma emoção delirante de alegria desenfreada, como um relacionamento em que encontramos outra pessoa que atenderá a todas as nossas necessidades, que nos fará felizes. Nós os idealizamos. E quando eles inevitavelmente não conseguem atender a essas necessidades, quando se mostram menos do que ideais, determinamos que o relacionamento falhou. Ou quando a paixão tiver desaparecido. Ou quando não queremos mais fazer sexo. (Quase sempre culpamos a outra pessoa por tudo). Você se identificou? Embora possamos ter amor pela pessoa, não estamos mais *apaixonados por* ela. Nosso principal objetivo é nos *sentirmos bem*. É tudo sobre mim e meu prazer.

Honestamente, nossas amizades mais próximas, nossos relacionamentos com nossos BFFs, não são tão diferentes. Podemos não terminar com eles tão rapidamente (embora alguns de nós andem em um carrossel de amigos em constante mudança, enquanto nos demoramos em relacionamentos românticos por muito tempo), mas grande parte da nossa amizade ainda se baseia na capacidade *deles* de *nos* fazer felizes. Ou precisamos ser sua principal fonte de felicidade — o ego deve ser satisfeito. Esse tipo de amor, no qual externalizamos a felicidade como responsabilidade de outra pessoa, em vez de algo que cultivamos internamente, é praticamente a definição de apego no budismo e uma de nossas principais fontes de sofrimento. A monja budista Jetsunma Tenzin Palmo descreve isso assim: "O apego diz: eu te amo, portanto, quero que me faça feliz. O amor genuíno diz: eu te amo, portanto, quero que seja feliz".[2] (Monjas sempre hablam mesmo!)

Quando falamos de amor, falamos desse tipo de amor sem apego, um ato que apoia a felicidade do outro. O amor livre de apego não exige nada em troca. Não precisa de motivos, nem de compromisso. Não exige que as pessoas se comportem de uma determinada maneira para que possamos amá-las. Esse tipo de amor separa o comportamento de uma pessoa de seu eu inato. É impessoal. *Oi?!* Que negócio é esse de amor frio e calculista? Amor impessoal? Benzinho — amor incondicional é isso. Não é sobre o indivíduo, ou seja, o que você gosta nele. Não é sentimental, e não pode se dar ao luxo de ser, porque está enraizado na aceitação de que somos *todos* bons por natureza. Esse é um espaço difícil de manter em uma cultura rachada por estarmos tão divididos. Ainda mais porque quando aceitamos nossa bondade inata, devemos aceitar, como eu disse antes, que a humanidade não precisa ser perfeita, ao nosso gosto, ou sem complicações para ser merecedora de amor. Ela existe, logo, é amada. Você existe, logo, é amado. Todos os seres vivos são suficientes, do jeito que são, e merecem amor. No budismo, o trabalho desse amor, ou amor propriamente dito, é traduzido como "bondade amorosa". Mas como essa ideia é muito desafiadora para nós, prefiro chamá-la de "amor radical". Aceitar essa ideia de amor exige que revisemos *completamente* nossa concepção existente de amor. Em outras palavras, é uma releitura radical do que o amor pode ser e fazer.

Ênfase no *fazer*, meu bem. O amor radical é um verbo, é um movimento intencional em nossas vidas em direção à nossa humanidade compartilhada, é a atração em cada um de nós para cuidar uns dos outros, para melhorar este mundo. O amor radical não é um sentimento, é uma ação; é uma escolha de amar mesmo nas circunstâncias mais difíceis, a fim de libertar o mundo — e a nós mesmos. E na amizade sagrada, docinho, seu trabalho é ser um amante radical.

Então, aja. Para a maioria das pessoas, o amor vai onde o amor já está. Como amante radical, você precisa levar o amor onde ele não está. Seja como o sol: o sol não aquece apenas certas pessoas — ele brilha para todos: o bom, o mau, o feio, o santo, o profano. Ou seja, você precisa ir até onde as pessoas estão e apoiá-las como são. Ame-as apesar de seus defeitos. Ao atraso delas, mande amor. Às mensagens não lidas. À raiva e ao medo delas.

No budismo, acreditamos que toda pessoa tem o potencial de se tornar um Buda e, ao fazê-lo, tornar-se perfeita — perfeitamente iluminada. Mas o fato é que nem todos estão nesse caminho, e se estão, gosto de pensar que as coisas são como Mahatma Gandhi supostamente afirmou: "O caminho é o objetivo". Também acho importante não deixar o perfeito ser o inimigo do bom, no sentido ocidental. Talvez você também tenha endurecido essa frase. Normalmente, quando nos lembramos disso, é porque estamos congelados por nosso próprio perfeccionismo capitalista ao estilo ocidental, doentio, que sufoca nossa criatividade, energia e capacidade de agir. Mas isso também é válido sobre como vemos os outros — quando os prendemos a um determinado padrão arbitrário de comportamento "perfeito", estamos rejeitando sua bondade essencial e efetivamente dizendo que merecem amor apenas se atenderem às condições X, Y e Z. Não é por aí.

Você é o Sol. Faça essa luz brilhar em cada pedacinho seu. Leve calor e brilho para cada partezinha sua que não é amada. Faça isso aceitando sua bondade interior. É mais fácil falar do que fazer, certo? Mas é muito difícil aceitar verdadeiramente os outros e acreditar que são inatamente bons se estiver escondendo isso de si mesmo. Afinal, se *você* não é bom, como *todos* nós podemos ser? Você é uma parte inerente do todo. Aceitar sua bondade significa olhar para como viveu e aceitar tudo isso, seus erros, suas tendências prejudiciais — assumindo que isso acontece e permitindo-se reconhecer que essa é a realidade. Não se pode mudar isso.

Porém, é possível lembrar que o comportamento não é você, e optar por não repeti-lo. Aceitação é sobre descer um pouco mais, além dessa camada superior de nossa biografia, além do externo, e ver que nosso comportamento prejudicial, palavras, ações e erros foram gerados a partir de uma abordagem equivocada para satisfazer nossas necessidades de pertencer, de nos sentirmos reconhecidos e aceitos, de importar para alguém, de nos sentirmos seguros. Leve aceitação a qualquer coisa que não esteja alinhada com o seu bem mais elevado e o bem mais elevado de todas as pessoas, pois é assim que se reconhece que não é possível atender às suas necessidades de liberdade, segurança e pertencimento de maneira hábil, a menos que saiba que é inatamente bom, que sua benevolência está sempre viva.

Agarre-se a essa benevolência, porque no momento em que começar a amar radicalmente, tudo o que está sob a superfície e que não é amado subirá à luz, buscando sê-lo — tendências inconscientes, comportamentos automáticos, padrões de pensamento. Reformule as emoções desafiadoras como um chamado para viver com amor radical. Lembre-se de que os sentimentos que o separam, isolam, envergonham, assustam e alimentam sua neurose, paranoia e ilusão fazem parte do sofrimento coletivo, e você faz parte do coletivo — não está sozinho em seu sofrimento.

É esquisito. Quando somos capazes de nos conectar com os aspectos universais de ser humano — como o fato de que todos sofremos e todos queremos estar livres do sofrimento — nos sentimos menos sozinhos. Quando estamos nas profundezas do desespero, no entanto, pode ser fácil acreditar "Isso só acontece comigo. Ninguém mais se sente assim", quando a verdade é que o que estamos sentindo é universal. Quando acreditamos que estamos sozinhos ao vivenciar o sofrimento, acabamos carregando todo o peso de seu fardo. Mas quando percebemos que nosso sofrimento foi e será sentido por todos em algum momento, o peso fica mais leve — é compartilhado. Há um elemento de alívio. Sim, nossas experiências podem ser diferentes, mas todos nós sentiremos dor, porque não podemos controlar a vida: a morte, a doença e a desilusão fazem parte da vida. E como resultado dessa dor, todos experimentamos sofrimento. E, no entanto, nós realmente nos esquivamos do sofrimento dos outros.

Parte disso é por medo do contágio. Acreditamos que o sofrimento é ruim e não queremos contraí-lo. Outra parte é negação: não queremos acreditar que o sofrimento virá, então culpamos quem está sofrendo. Devem ter feito algo errado ou ruim, e nós não ajudamos pessoas más, certo? Medo e negação são emoções naturais, mas um anátema para o amor radical. É por isso que, por mais que sejamos atraídos a fazer uma distinção, amor e compaixão são duas faces da mesma moeda. A compaixão nos ajuda a amar radicalmente, e amar radicalmente nos ajuda a permanecer em um estado de compaixão. Quanto mais entendermos os outros, quanto mais entendermos nossa bondade mútua, mais vamos querer aliviar seu sofrimento. E quanto mais contato tivermos com o sofrimento, com sua natureza universal, mais amor sentiremos por nossa humanidade comum.

Não se pode ser um amante radical sem praticar a compaixão. Mas, como o amor, a compaixão não é um sentimento — não é pena, tristeza ou mesmo empatia. É o *reconhecimento* do sofrimento, seguido de uma *ação* para aliviá-lo. É ver as coisas pelo que elas são e, dessa forma, como o amor radical, é imparcial e impessoal. O desejo de aliviar o sofrimento de alguém não muda mesmo que se comporte mal; agir com compaixão é uma ação que nada pede em troca, especialmente gratidão. Como o amor, a compaixão existe na consciência de nossas imperfeições e de nossa bondade inata.

Compaixão é viver na investigação "O que posso fazer para ajudar a aliviar nosso sofrimento?" Ela nos ajuda a entender que a maneira binária como fomos ensinados a ver o mundo não é a verdade completa. Proporciona a capacidade de separar o comportamento do eu, de reconhecer que as ações prejudiciais ou destrutivas de alguém são uma consequência de seu carma único, produto das feridas geracionais herdadas que se reproduzem em todas as nossas árvores genealógicas. A compaixão nos lembra de nossa dor compartilhada, a dor inegociável que vem com o ser humano. Lembra-nos de que, com a dor, pode haver sofrimento, e isso pode envenenar nossa percepção e fechar nossos corações uns aos outros. É nossa responsabilidade, ao despertarmos nossa amizade radical, cultivar a compaixão por todos os seres. Tanto que o que vemos como veneno se torna remédio, o sofrimento do mundo se torna inspiração e a felicidade no mundo nos motiva.

Sobretudo, a compaixão nos permite amar plenamente nosso eu imperfeito. Ela nos lembra de que nós também somos produtos do nosso carma e do condicionamento transgeracional, e que somos obras em andamento. Como o Kintsugi, a arte japonesa de consertar cerâmica quebrada com costuras visíveis de ouro em pó, a compaixão transfigura nossos pontos de ruptura, tornando-os belos elementos da nossa totalidade. A compaixão requer viver em paradoxo — sabendo que pessoas boas podem cometer erros ou fazer mal ativamente. Oscar Wilde escreveu: "A única diferença entre o santo e o pecador é que todo santo tem um passado e todo pecador tem um futuro". Adoro essa citação, porque fala da não dualidade de ser humano, uma não dualidade que podemos acessar por meio da compaixão: a ideia de que a única coisa que separa os "abençoados" e os "condenados" é a nossa percepção — o santo era presumivelmente humano e sujeito a falhas humanas, ou seja, um pecador; o pecador ainda tem a liberdade de se tornar alguém que pode ser chamado de santo.

Prática: Meditação Tonglen

Esta meditação, que vem do budismo tântrico, é poderosa para despertar nossa compaixão. A palavra "tonglen" significa dar e receber. Nesta prática, você visualiza a dor e o sofrimento de outra pessoa a cada inspiração e, ao expirar, envia a ela tudo o que lhe dará alívio. Não há problema em se sentir nervoso com essa meditação ou até mesmo desanimado se nunca a fez antes — essa é uma resposta bastante comum quando a apresento aos meus alunos. Muitas pessoas sentem que não têm energia emocional para assumir o sofrimento do outro; seu copo está vazio, ou então têm receio de que seja um risco muito grande para seu próprio bem-estar, que o sofrimento de um estranho de alguma forma contamine seu equilíbrio cuidadosamente preservado. A surpresa e o prazer da meditação, no entanto, é a experiência de transmutação que ela oferece — como ela reabastece seu copo. O sofrimento se torna combustível. Isso é o que significa "veneno se tornando remédio". Como disse, Chögyam Trungpa Rinpoche, falecido mestre de meditação budista tibetano: "Quanto mais negatividade absorvemos com um senso de abertura e compaixão, mais bondade há para expirar. Não há mesmo nada a perder".

Tradicionalmente, começamos a praticar o Tonglen com alguém de quem gosta e cujo sofrimento deseja aliviar. Mas pode ser feito por si mesmo, por seus "inimigos" e quando sua capacidade de compaixão se sente limitada. A seguir temos a clássica meditação em quatro passos, mas a essência do Tonglen — inspirar o sofrimento de alguém e enviar alívio — pode ser feita no momento, no local, conforme você precisar.

Sente-se confortavelmente e conecte-se com sua respiração, descansando sua mente. Reconheça pensamentos e emoções que vão surgindo e causando distrações e desapegue-se deles.

Agora, conecte sua respiração e sua intenção. Ao inspirar, visualize a dor e o sofrimento como uma fumaça espessa e escura que está atraindo para o seu coração para ser transformada pela luz da sua compaixão. Ao expirar, visualize um feixe brilhante e luminoso de cura emanando de você, transmitindo alívio e conforto.

Em seguida, concentre-se em alguém que conhece que está magoado, sofrendo ou em qualquer situação dolorosa palpável para você. Inspire essa dor, as nuvens fuliginosas, escuras e sufocantes desse mal, e permita que elas penetrem as paredes ao redor do seu coração, onde encontram sua compaixão. Expire o antídoto para a dor, uma bênção silenciosa fluindo como um rio de luz. Por exemplo, se veio à mente uma pessoa que está sofrendo com ataques de ansiedade incapacitantes, é possível enviar bênçãos de segurança e confiança.

Por fim, estenda sua compaixão a todos que estão na mesma situação. Inspire o sofrimento de todos os que estão passando por esse sofrimento em particular e transmute-o em sua expiração, enviando-lhes todo o bálsamo refrescante de alívio.

NÃO SE AFASTE DO SOFRIMENTO DOS OUTROS. PERGUNTE A SI MESMO TOdos os dias: "O que eu fiz para aliviar o sofrimento deles?" Na amizade, isso pode ser simples como separar um tempo para um amigo que está sofrendo, para que ele expresse seus sentimentos, por mais desconfortável que seja para você, enquanto ouve sem reagir. Pode significar acompanhar alguém a um evento difícil, como um funeral ou uma consulta médica. Pode ser levar ou buscar alguém no aeroporto depois de uma viagem difícil. É o seguinte: geralmente existem maneiras bastante claras de servir aos outros quando a redução da dor é o nosso objetivo, mas fica mais complicado quando nosso objetivo é ajudar alguém a ser feliz.

Compaixão e amor podem e acontecem simultaneamente, é claro. Quando alguém está em perigo, muitas vezes queremos criar um caminho para uma vida mais feliz e gratificante, aliviando sua angústia. Mas saber como apoiar a felicidade de alguém geralmente exige mais habilidade e sabedoria do que aliviar o sofrimento. Se alguém cai de uma escada e não consegue andar, nós a levamos para o hospital, não é? Não questionamos se é o braço que está doendo, nem sugerimos que deem uma passada no quiroprata. Há um elemento instintivo em nossa resposta ao sofrimento; é quase como se todos sofrêssemos da mesma maneira. Depois que alguém sofre um acidente de carro, não aparecemos e perguntamos se eles pensaram em mudar de carreira. Eles estão deitados no chão sangrando. Não vamos dizer: "Ei, já pensou em comer menos açúcar?" Porém, dar apoio à felicidade de alguém não é sobre fazer o que *achamos* que os fará felizes.

Amizade e Verdade

Não há truque de mágica para saber o que fará alguém feliz. Porra, muitas vezes estamos totalmente longe de saber o que *nos* fará felizes. Mas uma das melhores maneiras de apoiar alguém em sua felicidade é *apoiar o seu crescimento*. Grande parte disso é saber que as pessoas vão mudar e permitir que elas mudem, não insistindo que permaneçam amanhã quem eram ontem. Porém, a outra grande parte de apoiar o crescimento de alguém é ter a capacidade de falar verdades difíceis. Pense em quanto crescimento seria possível se pudéssemos realmente dizer uns aos outros aquilo que é difícil de ouvir. Difícil, mas necessário.

Infelizmente, muitos de nossos relacionamentos são baseados em nossa bagagem emocional condicionada e não processada. Temos muito pouca prática com honestidade qualificada, dizer a verdade enraizada no amor radical e na compaixão, em que o bem-estar da outra pessoa é a primeira coisa à mente. Em vez disso, ou usamos a "honestidade" como um porrete para ferir outras pessoas, ou nosso medo de rejeição nos leva a evitar temas desafiadores. Evitamos abordar questões que precisam ser confrontadas, porque temos medo de como o que dizemos será recebido e o que pode vir em resposta: que seremos alienados, isolados, deixados em paz. Nossa falta de vontade e incapacidade de falar a verdade remetem a esse medo fundamental de estar sozinho. Acreditamos que a sinceridade arriscaria nossas amizades, e a maioria de nós não está disposta a correr esse risco. Com o foco em si e em seu próprio medo de rejeição, não é possível se comunicar honestamente. E, dãã — quando seu foco é você mesmo, não está de fato disponível para outra pessoa.

Quero que meus amigos me ponham na linha, digam se estou perdido. Um amigo inconstante, que está na relação com interesses pessoais, ou codependente, será incapaz de fazer isso. No entanto, um amigo sagrado, um amante radical, fala sua verdade mesmo (especialmente) quando essa verdade é desconfortável de compartilhar ou ouvir, em prol do crescimento do amigo. Fala com honestidade *hábil* — isto é, motivada pelo desejo de apoiar alguém a se tornar feliz e aliviar seu sofrimento.

Deixe-me esclarecer as coisas, meu bem: *honestidade não é desculpa para ser um babaca*. Sério. Por que eu tenho que escrever isso? Infelizmente, *todos* nós conhecemos aquelas pessoas que acham *muito* descolado se descrever como "brutalmente honestas", que fazem comentários pessoais rudes e insensíveis e depois falam "O que foi? Estou só sendo honesta", ou que o acusam de ser "incapaz de lidar com a verdade". Essas pessoas não são faróis de honestidade, estão sendo más e odeiam ser responsabilizadas pelo impacto de suas palavras. Obviamente, também não estão entregando nenhuma "verdade". Sempre podemos falar apenas da *nossa* experiência sobre o comportamento de uma pessoa. Nossos pensamentos são construídos em nossa vivência, certo? Minha percepção de você é construída sobre o que vivi na vida. Há verdade nisso, mas não é *a* verdade.

Então, como você sabe que não é um babaca? Ser habilmente honesto com os outros começa com ser ferozmente honesto consigo mesmo. Antes de abordar um tema difícil com seu amigo, reflita se o que está prestes a dizer tem a ver com ele não seguir o roteiro que você escreveu em sua mente sobre as ações de seu amigo. Boa parte das nossas mágoas em uma relação é proveniente desses roteiros inconscientes. Tememos que, se as pessoas saírem do roteiro, sofreremos. Porém, se pudermos controlar como as pessoas respondem a nós, estaremos seguros. A necessidade de controle é uma resposta comum ao trauma. Perdemos o controle (ou nunca tivemos) em um ou mais eventos traumatizantes, então hoje queremos retomá-lo.

Todos lutamos com o problema da Energia do Personagem Principal. Atribuímos papéis às pessoas no filme *Eu*. Tendemos a uma visão míope da vida em que existimos no centro da realidade, e imaginamos que todos os outros são atores. Mas não existe esse filme em que você, ou qualquer outra pessoa, seja uma estrela, mas sim um filme passando em sobreposição e, nele, você é um ator de improviso, no qual está eliminando o sofrimento e convidando à felicidade, convidando os outros atores neste filme que chamamos de vida para a verdade deles. A conversa não é sobre deveres e condutas absolutas; é sobre apontar na direção certa e convidar à exploração — como o famoso ditado zen budista, não é sobre a lua, é sobre o dedo apontando para a lua. Se você está procurando um resultado, está procurando controlar, ainda está preso ao seu roteiro, movido pelos seus anexos.

Falar e ouvir a verdade é uma dança. Para se chamar de amante radical, é preciso ser alguém capaz de receber feedback sem ficar desconcertado, independentemente da natureza dele. Acho que todos sabemos que ouvir algo que percebemos como negativo sobre nós mesmos pode nos levar a uma espiral. Mas se prestarmos atenção ao nosso corpo, nossos sistemas também se ativam quando ouvimos mensagens positivas de outra pessoa. Ser capaz de ouvir sem reagir significa que você não está agitado de nenhuma forma, tem a capacidade de ouvir e estar presente em um corpo calmo e relaxado, e isso requer trabalho de verdade.

Parte do trabalho é estar em seu corpo e permanecer conectado à sua respiração. Nunca podemos ouvir a perspectiva de outra pessoa sobre nós se não estivermos relaxados — ela não é absorvida. Se não estivermos em nossos corpos, conectados a nossa respiração e consciência do momento presente, não há como receber a verdade deles sem a distorção da dualidade. Quando estamos ocupando o reino da não dualidade, esse é o espaço — o único espaço, na verdade — em que o feedback não é bom ou ruim; ele simplesmente é. São apenas informações a serem observadas e processadas a serviço do nosso crescimento. Essa é a parte da liberdade, certo?

E a outra parte do trabalho é se ater à sua bondade interior. Claro que o feedback positivo ou negativo causam felicidade ou frustração, contudo, como você sabe que é naturalmente bom, não leva essas emoções para o *lado pessoal*. Não é pessoal no sentido de que não toca sua bondade ou seu espírito. A realidade é a consciência do momento presente — isso é tudo o que você é. O espírito é sua consciência do momento presente.

O que acontece, porém, é que ficamos confusos sobre essa consciência — a realidade é a consciência do momento presente, sim, mas são as consequências de suas ações (e seu carma de vidas passadas/trauma geracional) que levam ao momento cármico de sua realidade presente que está sendo observado. Ficamos perdidos e confusos nesse processo, porque estamos habituados a nos identificar, personificar e armazenar o que vemos. Trabalhar no caminho da libertação é nos desembaraçarmos da ideia de que somos nossas ações, nossos pensamentos, nossas emoções, nossas coisas. Para permanecer presente, então, é preciso se agarrar a duas coisas, lembrar-se do seguinte: *sou inatamente bom* e *estou consciente do momento presente, iluminando o que está surgindo como consequência do passado*.

Embora não possamos habitar o corpo ou a mente de outra pessoa, podemos sintonizar sua energia. *Sabemos* quando alguém não está bem para ouvir algo difícil; sentimos isso em sua linguagem corporal, na qualidade de seu foco e atenção. Nem é preciso dizer que, se o outro não está em um estado relaxado — se já está na defensiva e distraído — se está em um lugar ruim energeticamente, então este não é o momento de falar verdades difíceis. Sempre que estamos conversando, levamos nossa bagagem para a conversa. A única maneira de ela não nos afastar da escuta é estar relaxado. Como o "falador da verdade", você precisa se autoavaliar antes — *está* presente em seu corpo e relaxado? Pode abrir mão de todo o seu condicionamento, de todo o seu desejo de controlar o resultado e, em vez disso, ser apenas um espelho no qual seu amigo pode se ver com clareza renovada? Não tenha medo do que ele verá, ou você não será capaz de *convidá-lo* a olhar para o reflexo sem medo. É aí que entra a parte do amor, a parte da compaixão: é nessa parte que você precisa ser honesto consigo e reconhecer que, talvez, o lugar de onde está partindo está equivocado. Talvez você esteja agitado, talvez não tenha sido compassivo consigo mesmo, talvez, naquele momento, não esteja se amando habilmente. Quanto tiver sido honesto, compassivo e amoroso consigo mesmo, então poderá criar essa conexão em que ambos dançam juntos de uma maneira não verbal. Então, o espelho é uma coisa natural; a conversa é o espelho que reflete um padrão.

O desejo de apoiar a felicidade de alguém — amá-lo profundamente, isto é, radical e incondicionalmente, livre do apego — é apoiá-lo em seu crescimento, em qualquer coisa que o ajude, afinal, a vivenciar a libertação. Mas esse não é um crescimento que possamos forçar ou impor. Nossa parte se limita a ser catalisador da mudança. Lembre-se, somos todos atores de improviso na produção conjunta que é a vida. Não podemos escrever o roteiro para os outros, mas podemos colaborar. No teatro de improviso da vida real, há um jogo de atuação chamado "Sim, e". Só o nome já é lindo, não? É afirmação e possibilidade, simultaneamente. No jogo, um ator começa inventando um cenário, e seu parceiro deve concordar com esse cenário, com essa realidade — esse é o "sim" — e depois emendar improvisando — esse é o "e". É um processo de colaboração, confiança e inventividade, que rejeita a previsibilidade e requer uma certa dose de fé. Quando você decide ser um amigo sagrado, se tornar um amante radical, você está dizendo "sim, e".

Não podemos escrever o roteiro para os outros, mas podemos colaborar. O amor radical é um ato de colaboração, um labor conjunto profundamente criativo. Sim, *labor.* Veja, está literalmente na cara, aconchegado no centro: colaborar. A ideia de trabalho, de esforço, de ação, é construída na própria linguagem: *col,* um sufixo latino para "com" ou "juntos", e *laborare,* "trabalhar". Se o amor radical é um ato de colaboração, de trabalho em conjunto, entendemos que o próprio amor é uma forma de trabalho. Valarie Kaur, líder de movimentos de direitos civis, ativista e autora, escreveu: "O amor é uma forma de trabalho doce: feroz, sangrento, imperfeito e vivificante — uma escolha que fazemos repetidas vezes".[3]

Tornar-se um amante radical é um destino disponível para todos nós — acredite ou não, estamos todos orientados para a libertação. Algumas pessoas podem chegar lá mais rápido, claro, outras podem levar anos, uma vida inteira ou muitas. Ao longo do caminho, à medida que trilhamos o caminho da libertação, que crescemos e evoluímos, podemos *escolher* nossos relacionamentos, baseados no amor e na compaixão. E devemos escolher *como* estar nesses relacionamentos. Na amizade, nenhum de nós será perfeito o tempo todo. Essa amizade, que é a base de qualquer relacionamento próximo, é um trabalho árduo que requer amor radical, compaixão e honestidade — amor real centrado na pessoa, não egocêntrico. Sim, você precisa trabalhar em si mesmo para estar disponível para a amizade sagrada, mas ao mesmo tempo deve interagir com os outros no mundo — é na conexão com os outros que você percebe seus insights. Mesmo quando praticamos o trabalho solitário, precisamos lembrar que o propósito é voltar à sociedade e compartilhar o que descobrimos. Às vezes, as chaves que chegam até nós na solitária podem não apenas nos libertar de nossas próprias prisões, mas também provar ser o avanço que um de nossos amigos precisa. No fim das contas, estamos a serviço uns dos outros.

Uma amizade sagrada é um contrato espiritual — assim como todos os relacionamentos. É no relacionamento que testamos nossas habilidades — sim, talvez você tenha feito o trabalho interno para alcançar um lugar de neutralidade corporal, para interromper a conversa interna negativa sobre o que vê no espelho, mas ainda está fazendo *body shaming* (mesmo que apenas internamente) com os outros? Você ainda está julgando o valor de uma pessoa, sua moral, sua vontade com base em sua aparência? Só é possível constatar crescimento e mudança no contexto do relacionamento. É nele que conhecemos novas pessoas, que aprendemos as qualidades finais de aceitação, amor e compaixão. Não há nada mais espiritual do que isso. Cuidamos dos jardins espirituais um do outro; somos o carma um do outro. Às vezes somos alunos, às vezes, professores, mas sempre iguais. Seguramos espelhos um para o outro para iluminar a escuridão e aumentar nossa orientação em direção à luz. É por meio da amizade que curamos os lugares mais profundos dentro de nós.

Capítulo 4

Conflito é para quem Ama

Mesmo quando entendemos o que a amizade sagrada deve ser e como ela deve funcionar, por que ainda temos dificuldade em nos conectarmos? Porque esperamos que seja fácil, bebê — imaginamos que não deve exigir *esforço*, sabe? Não deveria ser um *parto*. Coisas boas não dão *trabalho*, não é? Sim, sim, sim, também ouvi o mesmo clichê um milhão de vezes: relacionamentos dão trabalho. O fato de tantas pessoas acreditarem nisso não prova que estou errado? Mana, a maneira quase religiosa como as pessoas recitam isso como se fosse uma verdade inalienável só prova meu ponto: nossa atitude em relação aos relacionamentos é muito negativa mesmo. A frase "Relacionamentos dão trabalho" é usada principalmente para banalizar que armemos nossas emoções, para normalizar os relacionamentos disfuncionais em que muitos de nós estamos e perpetuamos.

Esperamos que os relacionamentos de longo prazo sejam difíceis e desagradáveis (e, docinho, muitos deles são, mas já, já falamos disso), e descrevê-los como "trabalho" reflete isso. Aqui nos Estados Unidos, onde a maioria de nós tem que trabalhar, trabalhar e trabalhar apenas para sobreviver, onde aprendemos que nossa autoestima se correlaciona com nossa produtividade, onde muitos de nossos empregos mais socialmente necessários e valiosos (ensino, cuidados etc.) são tratados como descartáveis, onde a riqueza é acumulada e o descanso é difícil de encontrar, o trabalho é algo a temer, não a comemorar. "Trabalho" é carregado de conotações negativas, tédio, exaustão, obrigação. Então, não é uma questão de escolha. E nossos relacionamentos, incluindo nossas amizades, são "trabalho", principalmente porque nosso relacionamento ruim com o conflito atrapalha a conexão real.

Sim, nossos relacionamentos frequentemente *são* difíceis e desagradáveis — disfuncionais — porque a maioria de nós não sabe lidar com conflitos de maneira saudável. Relacionamentos dão trabalho. A amizade sagrada dá trabalho. É um esforço bom. Isso *não* significa que os relacionamentos devem ser cheios de conflitos. Significa aceitar que, mesmo quando se ama alguém, mesmo quando ambos se dão muito bem, mesmo quando compartilham valores semelhantes, a vida vai servir coisas que são desconfortáveis, difíceis, dolorosas, desagradáveis. Podem ser mal-entendidos entre as pessoas, erros que cometemos, eventos em nossas vidas que são difíceis de lidar. Em outras palavras, a vida vai servir o conflito. Trabalhar em prol da amizade sagrada significa que você faz o que precisa ser feito para sustentar o relacionamento, que faz o trabalho de um amigo sagrado — amando radicalmente, com compaixão e honestidade habilidosa — mesmo quando a vida traz conversas difíceis, quando traz perdas.

Em vez disso, como o conflito é tão profundamente desconfortável, muitos de nós respondemos a ele a partir de um lugar de pânico, sem pensar e sem autoconsciência. Quando o confronto acontece, não são duas (ou mesmo uma) pessoas autoconscientes, dois amantes radicais, buscando perspectiva; são duas pessoas falando de sombra a sombra, de subconsciente a subconsciente, comportamento automático lutando contra comportamento automático. A maioria de nós se atrapalha com o conflito e têm gatilhos ativados; nossas emoções estão em pico, nosso cortisol à toda; nossas velhas histórias encenadas liderando a investida; *ou* a retirada — evite, evite, evite! — abrigando-nos atrás de limites rígidos. Às vezes, os limites são a resposta ao gatilho, a um padrão que se torna um padrão em si. Por trás de tudo, o medo. Medo do desconforto, da rejeição, da perda.

Isso pode parecer difícil, mas tenho que dizer: o objetivo da vida não é ser feliz. Isso é diferente de ser livre. Na minha comunidade, vejo pessoas o tempo todo que pregam a iluminação espiritual, mas que vivem vidas beirando o hedonismo — para elas, apesar do que defendem verbalmente, a busca do prazer é o objetivo final. Não há nada de errado em viver uma vida feliz, mas se isso significa evitar todas as pessoas e coisas que o deixam desconfortável, você perdeu totalmente o sentido da vida na Terra. Pior, significa que vive sem a possibilidade de compaixão, o que requer reconhecer o sofrimento — não apenas nos outros, *mas em todos nós*.

Evitar conflitos pode parecer uma tática de sobrevivência, adotada de boa-fé, mas tudo o que isso faz é impedir a conexão enquanto cultiva a culpa e permite que se negue a responsabilidade pelas próprias ações e traumas não amados. O comportamento evitativo, que corre desenfreado em nossa sociedade, apenas reforça a ideia de que escapar do momento presente é, de alguma forma, vantajoso. E como se sabe, não é possível se libertar — não há libertação — sem estar presente. Evitar conflitos é desenvolvimento pessoal, não espiritualidade. Porque é tudo sobre *mim*, sabe como é. Minha vida. Meus sentimentos. Eu importo mais do que você. Estar em conflito faz parte do caminho espiritual. Evitar a dor, evitar a perda, significa evitar a própria vida.

Para ser um amigo sagrado, para estar em qualquer relacionamento, não podemos fugir da dor, da perda, do desconforto. Não podemos evitá-la. Temos que estar dispostos a nos envolver. Temos que correr em direção à vida. Temos que encarar o que é difícil, assim como encaramos o que nos dá prazer. Meu amor, o conflito faz parte de todo relacionamento — todo romance, toda amizade, toda dinâmica familiar. Porque, na vida, vamos discordar. Vamos nos entender mal. Estamos todos aparecendo neste plano com nosso carma único. Teremos necessidades, valores, objetivos, motivações, perspectivas e preferências que nem sempre estão perfeitamente alinhados com aqueles que amamos (ou apenas toleramos).

Há muito conteúdo escrito sobre conflitos saudáveis versus não saudáveis, mas, e se reconhecermos que o conflito em si é apenas neutro, sem valor inerente? É o que *surge entre duas pessoas* quando não conseguimos mantê-lo bom para os dois lados. Vamos poupar a rotulagem de saudável e não saudável para como responder a um conflito. Trago isso à tona porque talvez, apenas talvez, se pudéssemos trazer um pouco da energia da terceira verdade para o conflito — há o bom, o ruim e *o que é* — não teríamos tanto medo dele. Talvez, se pudéssemos trazer um pouco da energia da terceira verdade para o conflito — reconhecendo o potencial espiritual do que não sabemos e abrindo espaço para *outra coisa* — veríamos o potencial criativo do conflito, a possibilidade que ele nos oferece de construir conexão, aprofundar a compreensão, uns com os outros, mas também com nós mesmos.

Se é Histérico, é Histórico

Na recuperação, as pessoas aprendem que, como viciados, as respostas exageradas a experiências que não parecem justificar colapsos completos (nas quais, geralmente, nos automedicamos até nos submetermos), na verdade, são sobre *o passado*, não sobre o que está acontecendo diante de nós. "Se é histérico, é histórico" é praticamente um mantra no AA dos Estados Unidos. E, olha, embora eu não seja superfã da palavra "histeria", dada a sua história como uma ferramenta de *gaslighting* feminino, eu a aceito nesta frase por causa da perda de controle que ela sugere, a reação desproporcional, a explosão (de gênero neutro) de pânico emotivo e sua clara relação com as histórias que carregamos dentro de nós.

Não precisa dar um PT toda quarta-feira à noite no seu bar favorito em Nova York, ter um vício muito caro em drogas de grife ou em pílulas à moda antiga para aceitar a ideia de que, muitas vezes, a maneira como nos sentimos e nos relacionamos com certas experiências do momento presente tem pouco ou nada a ver com o que está acontecendo. O problema é que isso significa ficar cara a cara com nosso trauma ou ter que aceitar um grau de responsabilidade por nossas emoções. É muito mais fácil apontar o dedo para outra pessoa, e culpar quem o deixou louco, zangado, raivoso, "histérico", ainda mais em conflito. Bem-vindo ao reino dos gatilhos ou, como gosto de chamá-los, da deflexão armada.

Para ser claro, não estou falando de verdadeiros gatilhos de saúde mental, os estímulos sensoriais muitas vezes imprevisíveis que ressurgem de experiências traumáticas como se estivessem realmente acontecendo, fazendo com que uma pessoa fique emocionalmente mal ou fisicamente reativa. E não estou falando sobre os gatilhos que podem ativar ou piorar os sintomas de distúrbios como o TOC. *Estou* falando do uso cada vez mais casual da palavra "gatilho" em nossa cultura para descrever qualquer coisa ou *pessoa* que cause desconforto ou outras emoções fortes a alguém. Muitas vezes justificamos evitar conflitos — ao evitar relacionamentos que acreditamos que serão conflituosos — dizendo que as pessoas nos dão gatilhos.

Seja honesto, você já falou de alguém assim: "Fulana me dá gatilho"? E eu entendo — quem quer que seja, parece que você não pode deixar de reagir à fulana de um jeito específico. Vê-la, conversar com ela, estar perto dela desperta emoções difíceis (dependendo de quem seja e de sua história com ela, a força e a textura dessas emoções obviamente irão variar).

Então, você evita essa pessoa. Evita os conflitos. De certa forma, claro, ela te dá gatilhos. Literalmente, um gatilho é um mecanismo, como um interruptor, que inicia a operação de um dispositivo (como uma pistola ou uma ferramenta elétrica). E é interessante, porque você precisa aplicar apenas uma pequena quantidade de pressão em um gatilho para liberar uma força muito maior de energia, sabe? Então, sim, pode parecer que uma pessoa está virando uma chave em você, apertando um botão. Pode parecer que qualquer coisinha que a pessoa faça o faz perder as estribeiras. Observe, no entanto, como a frase muda a ação para a outra pessoa — *ela* ativa o *seu* gatilho — implicando a sua passividade e falta de autonomia. Mas é o seguinte: o gatilho, a chave, o botão *está em você*.

O gatilho já vive em nós — se é histérico, é histórico.

Sempre que alguém ativa um gatilho seu, a sua reação está enraizada em sementes que já foram semeadas no seu jardim cármico. Raramente, ou nunca, é sobre a outra pessoa; é sobre como nos relacionamos com a vida e, nesse sentido, os gatilhos são uma resposta condicionada, um sinal de que temos algumas ervas daninhas para arrancar, que nossos jardins precisam de um pouco de cuidado e amor. Eles nos apontam na direção que precisa ser cuidada, alertando-nos onde nosso trabalho precisa ser feito. Os gatilhos revelam as partes de nós mesmos que estão instáveis e não curadas. Se estivermos dispostos a olhar para a raiva, a tristeza, diretamente, somos presenteados com a oportunidade de nos amarmos melhor. Em certo sentido, as pessoas que ativam nossos gatilhos são nossas melhores professoras — se permitirmos, esses momentos podem ser as lições que, uma vez aprendidas, ajudam a evoluir nosso carma.

Porém, quando você está em momento de histeria, *rotula* as pessoas na sua frente. Elas são tóxicas, venenosas, culpadas por toda a dor e sofrimento. São a única razão pela qual sua vida é miserável e por você se sentir assim. Quando se faz isso, se perde o fato de que a raiva e o desconforto estavam crescendo em você, para começar. Aquela pessoa, o sentimento de conflito, aquela experiência, aquele evento, aquelas circunstâncias que se juntaram, foram os últimos pedacinhos de água e luz solar que a semente dentro de você precisava para romper o solo e brotar. Se essa semente de desespero, ciúme ou raiva não estivesse lá o tempo todo, você poderia se relacionar de maneira diferente com essa pessoa, independentemente do que ela dissesse ou fizesse.

É *possível* receber os gatilhos com compaixão por si mesmo, com o entendimento de que existe algo em você que está pedindo sua atenção. Em vez disso, muitas vezes respondemos ignorando essa parte de nós mesmos e evitando situações em que não podemos deixar de estar cientes disso. Os gatilhos que não atendemos podem facilmente dominar nossos jardins cármicos, ditando nossas ações e respostas a grandes áreas de nossas vidas. Estamos soltando as amarras daquilo que evitamos.

Uma amiga minha recentemente me confessou que quase esbravejou com uma jovem mãe que estava com seu bebê na fila do caixa de uma mercearia local. A fila era longa e se movia devagar, e minha amiga já estava nela há cerca de 15 minutos. Era o fim de um longo dia, e ela ainda tinha que chegar em casa e fazer o jantar para então continuar acordada e terminar um projeto do trabalho. Havia apenas uma pessoa à sua frente quando esta jovem apareceu e aparentemente furou a fila, murmurando: "Com licença, desculpe", sem esperar qualquer resposta. Minha amiga não teve nem chance de dizer: "Ei, estou esperando aqui há 15 minutos, e todas essas outras pessoas também".

Em um instante, ela se encheu de raiva. Narrativas formadas do zero surgiram em sua mente: a jovem era viciada em drogas, mãe solteira e uma pessoa ruim. A linha de pensamentos mais feia entrou em sua mente, pensamentos que refletiam o pior de seus preconceitos. Sua visão se estreitou e sua frequência cardíaca disparou. À beira do que parecia ser um apagão, minha amiga percebeu que havia saído completamente do momento presente e começou a voltar para seu corpo.

Ao fazer isso, percebeu que a jovem estava abraçando a mulher que estava na fila na frente da minha amiga. Era sua mãe. O bebê em seus braços era o netinho. E a mãe não via a filha e o neto há um tempo por causa da Covid. Minha amiga se sentiu mal de vergonha e de ressaca da adrenalina que havia abalado seu organismo. Depois de pagar pelas compras, ficou dentro do carro por um tempo, incrédula por ter acabado de projetar tanto ódio no mundo — e pelos pensamentos que surgiram dentro dela.

Ela me disse que, mais tarde, sua terapeuta respondeu à situação dizendo: "Ah, você teve esse gatilho porque foi criada por mãe solteira", e então foram se aprofundando nisso. Para minha amiga, pareceu que uma ficha caiu. Isso lhe dava algo a se agarrar, e ela se sentia menos culpada e envergonhada por seus pensamentos sobre a jovem. Embora isso parecesse um avanço no momento, a mulher era outra pessoa a se culpar pelos sentimentos de minha amiga, o que esvaziava sua responsabilidade. Essa linha de raciocínio mantinha a jovem em um estado no qual não tinha nenhuma autonomia e no qual a mãe da minha amiga era culpada pelo mau comportamento.

Como é que é? Seu filho da mãe, não acabou de falar pra gente que: "Se é histérico, é histórico?" Se esse é o seu diálogo interno agora, não posso culpá-lo. Porém, amado, quando falo de como precisamos estar cientes de que estamos constantemente regurgitando o passado no presente, não estou falando de nos perdermos no buraco do coelho psicanalítico. A terapia pela conversa pode ser uma ferramenta incrível para a cura — muitas vezes é o primeiro contexto em que reconhecemos padrões em nossa vida e, assim, temos a chance de quebrá-los. E falar com um terapeuta qualificado, que detém espaço para toda a gama da nossa experiência humana imperfeita e ouve sem julgamento, pode minimizar radicalmente a vergonha que sentimos.

Contudo, a terapia pela conversa também é muito sobre histórias e narrativas, que geralmente exigem um vilão, mantendo-nos em uma mentalidade de culpa. Se livrar dessa mentalidade não significa absolver alguém de sua responsabilidade pelo dano que pode ter causado. Significa reconhecer que você e somente você é responsável por suas ações no presente. Histórias e narrativas também são sobre como nos sentimos por algo que aconteceu conosco, nossos *pensamentos* sobre as pessoas e eventos. Dessa forma, podem reforçar a ilusão de que somos nossos pensamentos e sentimentos.

Eles também não deixam muito espaço para a terceira verdade — a maneira como eu vejo, a maneira como você vê e *o que é*. Para minha amiga, sua mãe fez escolhas ruins (engravidar e abandonar a faculdade) e não se equiparou às outras mães que viu na vida de suas amigas. Mas sua mãe talvez tivesse uma história igualmente persuasiva: tinha dois empregos não só para pagar o aluguel e colocar comida na mesa, mas para poder alugar uma casa em um bom bairro com escola, para pagar por aulas de piano para a filha e mandá-la para o acampamento de líderes de torcida, para ter certeza de que ela tivesse roupas novas todos os anos.

Se você está sentindo resistência ao ler isso, tudo bem. É natural. Eu sei que alguns de vocês provavelmente estão pensando: "Mas minha mãe foi muito horrível mesmo!" Sim, alguns pais nunca se curaram o suficiente antes de ter filhos. Esses pais podem causar (e causam) um sofrimento terrível na vida dos filhos. Nada do que estamos falando aqui invalida essa verdade. Talvez não tê-los — ou não ter outras pessoas que lhe dão gatilhos — em sua vida seja o caminho certo para você. Às vezes, é necessário cortar pessoas de nossas vidas, afastar-se delas com o reconhecimento de que podemos controlar apenas o trabalho que fazemos em nós mesmos. Eles podem ser nossos professores, nós podemos ser os alunos — mas o aprendizado remoto está na moda.

O problema é quando atribuímos à outra pessoa a responsabilidade por nossas ações *agora* e quando rotulamos essas pessoas como ruins ou tóxicas. Ao rejeitar a bondade essencial delas, cultivamos um carma que está muito longe de ser benéfico. E se você tem o hábito de rotular as pessoas dessa maneira, posso *garantir* que fala consigo mesmo de forma igualmente redutora — sem compaixão e aprisionando-se no essencialismo. Como você se chama quando está sozinho? Da próxima vez que uma pessoa lhe der gatilhos, veja se consegue se lembrar, antes que a histeria se instale, que, *assim como eu, ela quer ser feliz. Assim como eu, ela quer se livrar do sofrimento.*

Tornamo-nos profundamente frágeis, mas nossa hipersensibilidade não se tornou a ponte para uma abertura de coração. Na verdade, essa hipersensibilidade muitas vezes impede a conexão. A fragilidade é mais uma maneira de fechar a porta do seu coração, de fazer suposições sobre os outros muito rapidamente e deixar seus preconceitos agirem como sua percepção total. Muitas vezes, em nossos relacionamentos, dizemos que certas pessoas nos dão gatilhos ou as afastamos por ofensas que poderiam ou deveriam ser recebidas com graça — nossa resposta não é proporcional ao evento (histeria). Um amigo faz um post que leva você a sentir vergonha alheia nas redes sociais, diz algo com o qual você discorda, faz algo irritante — está dando gatilhos. Sendo tóxico. Você se afasta de vez, está farto. Fazer isso parece a jogada certa em uma cultura que celebra o cancelamento (em vez de celebrar a responsabilidade, o que pode exigir comunicação e envolver conflito), mas é o oposto. Nossa rigidez e nossa inflexibilidade quando se trata de outras pessoas estão nos impedindo de nos conectar. Elas estão nos mantendo isolados, presos.

Acalmando a Histeria

Então, podemos aprender a interagir com uma pessoa desencadeadora sem sermos ativados? Sim. A dor acontecerá inevitavelmente, mas com o sofrimento — como respondemos à dor — temos uma escolha. Em última análise, você precisa se perguntar: "Quão livre quero ser? Estou comprometido em ser livre ou em ter razão? Estou comprometido com a paz ou com a raiva? Eu quero mesmo ser um amigo sagrado e ter amigos sagrados?" Sério, tenha essa conversa difícil consigo mesmo, interrogando suas respostas com honestidade habilidosa. Está disposto a passar pelas partes difíceis: agir de verdade a serviço desses objetivos mesmo que não seja fácil, escolhendo cuidar disso mesmo quando — especialmente quando você sofre um gatilho — emoções intensas pegam fogo? Por enquanto, já que você está lendo este livro, vou seguir contando com a suposição de que você *quer* ser livre, está comprometido com a paz e, *sim, sim, sim,* quer a amizade sagrada. E você está disposto a trabalhar duro.

Ainda bem que você tem praticado (eu sei que sim). Muito da nossa capacidade de dar atenção a nossos gatilhos e receber suas lições, em vez de ficarmos histéricos e culpados, tem a ver com confiar em nossas habilidades como amantes radicais e em nosso treinamento em paradoxos e utilizá-los em conjunto para nos estabilizarmos em uma perspectiva mais elevada da mente — para ficarmos firmes diante dessa vista de 30 mil pés. Essa perspectiva estabilizada nos permite receber as lições, as mensagens, que as pessoas difíceis transmitem e nos impede de mergulhar no caldeirão da condenação e da recriminação.

Lembra quando eu disse que nossas reações aos gatilhos raramente, ou nunca, são sobre a outra pessoa; são sobre como nos relacionamos com a vida? Vamos nos concentrar na parte "relacionada à vida" — porque é aí que entra a diferença entre as narrativas da terapia e o que estamos fazendo aqui. Bem, o que estamos fazendo se não olhando para o nosso passado e tentando fixar a fonte de nossas ações em nossas histórias pessoais? Primeiro, concordamos que, embora nossos passados possam *informar* nossos comportamentos, não os *causam*. Segundo, nos lembramos de que os gatilhos são um tipo de resposta condicionada: o estímulo é arbitrário (não é sobre eles) e nosso condicionamento está em jogo — é nosso trabalho nos libertar. Por fim, estamos focando o entendimento de que a forma como nos relacionamos com a vida não é apenas sobre "o que aconteceu comigo", mas sobre o nosso *carma*.

Cada um de nós desponta no planeta com carma acumulado, e cada um de nós vive em um momento de possibilidade cármica, certo? Como nos relacionamos com a vida (em outras palavras, com nossa experiência da realidade presente e o que escolhemos fazer com esse momento de possibilidade cármica) é criado pelas consequências de nossas ações anteriores *e* pelas ações dessas versões de nós mesmos de vidas anteriores. Quando guardamos o conhecimento de que a forma como nos relacionamos com a vida é sobre o nosso carma, não estamos apenas nos concentrando nas consequências de nossas ações (em oposição às ações dos outros), mas também, e sobretudo, estamos em contato com uma perspectiva mais elevada da mente, que se vê abrangendo muitas vidas. Desse ponto de vista, estamos cientes de que somos um processo em constante mudança, e não uma identidade fixa, e que esse processo que você chama de "mim" ou "eu" não começou com você. Nosso ímpeto cármico, ou seja, como reagimos à vida, em parte nos antecede. Mas cabe a nós orientar nosso carma na direção certa daqui para frente.

Essa perspectiva mais elevada da mente é inerentemente radical, quase milagrosa, pois é uma mudança completa da nossa perspectiva cotidiana sobre o "eu", muito ligada ao tempo e investida no ego. A perspectiva superior da mente nos abre para ver o que não éramos capazes de ver antes: a natureza desapegada do processo contínuo que chamamos de eu e a bondade em seu núcleo. Essa compreensão constrói nossa capacidade de diferenciar o comportamento do eu. Podemos reconhecer que, quando as pessoas agem de maneiras prejudiciais, inábeis e destrutivas, estão vivendo seu carma. Elas devem aprender as próprias lições, ou não, nesta vida ou na próxima. Não devemos atribuir a nós mesmos o papel de professor.

É claro que reconhecer nossa bondade interior e diferenciar o comportamento do "eu" é o amor radical em ação. Ser capaz de amar alguém radicalmente é ser capaz de dizer: "Sim, aquela pessoa fez uma merda colossal *e* não é má". Estamos em paz vivendo em paradoxo. E quando vivemos em paradoxo, entendemos que a maneira como vemos o mundo não contém toda a verdade. Sempre há espaço para a possibilidade de outra coisa.

Quando alguém lhe dá um gatilho, você tem que recorrer às suas práticas de amor radical, aceitar o paradoxo e repousar na perspectiva da mente superior. Isso vale para você e para os demais. Estendemos o amor radical, que é confortável em um estado de paradoxo, àqueles que consideramos desafiadores, porque não podemos nos dar ao luxo de não fazer isso. Essa é a parte dos "demais". Veja o que quero dizer: quando você encontra uma pessoa que causa dano, mágoa ou discórdia, tem que entender que *ela* está magoada. Não se trata de simpatia, perdão ou uma resposta pessoal. Trata-se de entender que, se estivessem em paz consigo mesma, nunca machucaria outro ser humano. Saber que ela está magoada não justifica o comportamento, mas deixa claro que, se quisermos que ela pare de magoar os outros, é imperativo que ajamos para dar apoio à sua cura (e a cura requer responsabilidade). Por que magoar tantas pessoas?

Para *você*, amar radicalmente, aceitar o paradoxo e descansar nessa perspectiva da mente superior acalma a histeria que um gatilho ativa. Nesse silêncio, é mais fácil se livrar da mentalidade de culpa, voltar seu foco do exterior para o interior e, então, aceitar melhor a propriedade do próprio gatilho. Quando nossos gatilhos são "puxados", partes de nossa psique que não estávamos dispostos a ver são ativadas e vêm à tona. Então, temos uma incrível oportunidade de verdadeiramente romper um padrão, de aproveitar a oportunidade de crescimento transformacional, de nos tornarmos melhores amigos, parceiros e membros da família.

Isso tudo soa muito abstrato, muito "em tese"? Vamos dar concretude, então. Da próxima vez que seus gatilhos forem ativados ou souber que vai encontrar alguém que acha que lhe dá gatilhos, respire fundo. Centre-se em seu corpo. Recite silenciosamente a verdade de nossa humanidade comum: *assim como eu, ela quer ser feliz; assim como eu, ela não quer sofrer.* Cuide do gatilho. Quais pensamentos passam pela sua mente sobre essa pessoa? Agora, esqueça as narrativas e concentre-se no que realmente está sentindo. Observe os sentimentos, separando-os das histórias e da outra pessoa, até perceber que uma mudança natural acontece: eles passam. Surge uma perspectiva mais ampla. Quanto mais você pratica estar com seus sentimentos, livre das narrativas, mais impotentes elas se tornam, porque sua carga emocional foi removida.

Lentamente, a velha bagagem emocional que assombra seu momento presente desaparece. Você não é mais o caos raivoso que costumava ser. Esses sentimentos vivem em você, mas não são você. Carl Jung, o psicólogo suíço que desenvolveu a teoria dos arquétipos (os símbolos ou padrões universais presentes no inconsciente coletivo de todos os humanos) escreveu: "Tudo o que nos irrita sobre os outros pode nos levar a uma compreensão de nós mesmos".[1] Abra-se para ver os gatilhos como um reflexo de algo dentro de você que precisa de sua atenção.

Aceite que os gatilhos muitas vezes são uma forma de condicionamento que precisa ser questionada. Não deixe que sua bagagem emocional não processada determine como se sente sobre uma experiência no momento presente. Não deixe que a fragilidade adotada — a sensação de que você deveria ficar indignado e magoado pela menor das infrações — se torne um escudo indesejado bloqueando seu coração. Da próxima vez que cogitar cortar uma pessoa da sua vida, pergunte a si mesmo se, ao fazê-lo, você está mesmo estabelecendo um limite necessário ou se está, talvez, *apenas talvez*, fazendo um desvio espiritual — evitando o desconforto de seguir o caminho pelo qual os seus gatilhos o conduzem, de abrir espaço para as falhas e fraquezas espinhosas, mas humanas, dos outros (e, portanto, suas), de viver com a terceira verdade e, portanto, perder suas possibilidades, benevolência e graça.

A Paz Não Pode Ser Mantida pela Força

Meu amigo íntimo Johnny e eu temos um amigo em comum, Sam. Para mim, Sam era uma pessoa divertida para comer um brunch, mas não fazia parte do meu círculo íntimo. Mas era o melhor amigo de Johnny — lá em cima, no núcleo dos cinco, aquele amigo do peito mesmo. Eles se conheceram no primeiro dia de faculdade e eram quase inseparáveis há quase duas décadas. Sam era bem conhecido por seu temperamento explosivo, mas estava trabalhando nisso desde que ficou sóbrio, cinco anos antes. Para a maioria das pessoas do nosso grupo de amigos, ele parecia ter transformado sua vida e o tratamento dado às pessoas, e é justo dizer que, na maioria das vezes, isso era verdade.

Porém, quando se tratava de Johnny, Sam ainda tinha episódios emocionalmente abusivos — quase como se fosse seu porto seguro para explodir, sabendo que Johnny nunca "terminaria" com ele. E no entendimento de Johnny, isso o fazia se sentir especial; confirmava que ninguém mais era tão próximo dele quanto Sam e que eles compartilhavam um vínculo recíproco diferente dos demais. Eita como é codependente. *Enfim*. Não precisamos entrar na psicologia do relacionamento deles, que durou mais do que vários namoros e até um casamento. Diremos apenas que havia muito amor.

Então, uma onda de choque abalou nosso grupo de amigos quando Johnny, aparentemente do nada, parou de falar com Sam. Vendo as coisas de fora, era inexplicável que aquela amizade de mais de quinze anos tivesse evaporado da noite para o dia. No entanto, eu sabia que, a cada seis ou sete vezes que Johnny e Sam estivessem juntos, inevitavelmente haveria um incidente em que Sam menosprezaria Johnny, faria gaslighting com ele, daria gelo, explodiria com ele, ou emitiria insultos cortantes com pouca ou nenhuma emoção. Para Johnny, esses episódios engatilhavam sentimentos de inutilidade, amplificavam sua necessidade de agradar as pessoas e inflamavam sua ansiedade. Isso era agravado pelo fato de que ele nunca soube qual seria o Sam da vez. Durante toda a amizade, Johnny percebeu que sentia um medo real sempre que a tela do celular se iluminava e via que era Sam. Sim, ele era um amigo sagrado de muitas maneiras: muitas vezes Sam era capaz de receber Johnny sem julgamento; estava trilhando o caminho da libertação; estava em contato com a escuridão e a dor dentro de si mesmo. Conhecia todos os segredos de Johnny e nunca os usou contra ele. Mas, muitas vezes, ainda era cruel com Johnny.

Honestamente, na minha vida e no meu trabalho, observando os meus próprios relacionamentos e os dos outros, acho que esta é a realidade dura que muitos de nós enfrentamos: na maioria das vezes, a nossa dificuldade em lidar com gatilhos *não vem* das pessoas de quem não gostamos, desconfiamos ou mesmo odiamos; vem de quem gostamos, confiamos e amamos. Até daqueles que consideramos amigos sagrados. E são esses relacionamentos que tendemos a manter, mesmo que, provavelmente, ele venha a nos afastar, pelo menos por algum tempo.

Albert Einstein afirmou: “A paz não pode ser mantida pela força. Só pode ser alcançada por meio da compreensão”.[2] Embora o impulso de continuar cuidando de um relacionamento possa ser bom, às vezes estamos apenas nos recusando a aceitar a realidade de que o que se quebrou não pode ser consertado, não com força, pelo menos. Nem sempre podemos abrir caminho para a paz; não somos capazes de abrir o caminho para a resolução no muque. A ideia de que a resolução é mesmo possível ou que é algo que devemos procurar é uma forma de se apegar, uma necessidade de se prender. Precisamos ser capazes de descansar na incerteza e permitir que os ventos cármicos nos guiem.

No entanto, nos agarramos com tanta força porque tememos perder o que temos. Mas ser um amigo sagrado também significa saber quando terminar um relacionamento. Afinal, o amor radical é uma forma de trabalho, e às vezes o trabalho de servir a um relacionamento é dizer: "Eu te amo e te aceito, e a maneira como me sinto quando estamos juntos não é boa para mim". Isso não é cancelar ou dizer que ela é uma pessoa ruim. Embora devamos ser cautelosos ao cortar pessoas de nossas vidas, a amizade sagrada não significa que você tenha que aceitar ser magoado. Não há problema em terminar uma amizade. Amor radical não significa conceder a alguém um passe livre para continuar ferindo você, se ferindo ou ferindo outros.

A questão é: como saber quando é hora de terminar uma amizade — em outras palavras, como saber que não estamos fazendo um desvio espiritual e atendendo a um desejo de evitar desconforto? E quando terminar, o que fazer com o relacionamento com essa pessoa? Pode parecer contraintuitivo; afinal, o relacionamento acabou, certo? Isso não existe. Todavia, um relacionamento é algo criado entre duas pessoas. Tem vida própria. Pode-se parar de ter um relacionamento ativo cocriado, mas toda a energia, pensamento, amor, tempo e tristeza que se desenrolou entre vocês não evapora quando o envolvimento acaba. Isso vive dentro de você. Seus pensamentos, sentimentos e consciência da pessoa não cessam de repente porque ela não está na sua frente.

Se você chegou a um ponto em que está ciente de um padrão repetitivo em sua amizade e o relacionamento lhe traz dor contínua, fica claro que algo está emperrado. Por qualquer motivo, um ou ambos são incapazes de quebrar o padrão neste momento. Ao decidir se deve ficar no relacionamento e tentar interromper o ciclo ou ir embora, traga-o de volta para o jardim. Um relacionamento saudável deve funcionar para que ambas as pessoas apoiem ativamente o desejo do outro de ser feliz e aliviar seu sofrimento. Então, pergunte a si mesmo: "Meu amigo está regando as sementes de amor, compaixão e sabedoria dentro de mim? Ou está ativamente regando as sementes de desespero, desesperança, culpa, vergonha, remorso, raiva e ressentimento dentro de mim?" Só você pode responder a essa pergunta, mas o fato de ter chegado a essa encruzilhada sinaliza que a amizade — ou pelo menos essa fase dela — provavelmente seguiu seu curso. O jardim do seu mundo interior não é mais congruente com as habilidades de jardinagem do amigo.

Neste ponto, sua responsabilidade é cuidar do seu jardim, cuidar profundamente dele, atender aos seus gatilhos e entregar o relacionamento ao universo. No caso de Johnny, ele parou de se concentrar em Sam e parou de deixá-lo ser um sistema climático que ditava quanta paz ele sentia. Isso significava que também perdia menos tempo com pensamentos negativos (rotulando Sam como "dodói", "delirante" e "desligado"). Em vez disso, se voltou para seus próprios sentimentos de inutilidade, sua própria necessidade de ser especial, seu impulso de se sentir "escolhido".

Quando pensamentos sobre Sam surgiam — e eles surgiam o tempo todo — em vez de os ficar remoendo, observava enquanto passavam e fazia o possível para lhe enviar amor e compaixão. Não respondeu à crueldade nem ficou discutindo com Sam em sua mente. Em vez disso, cuidou de seus sentimentos, acolhendo-os com gentileza paciente, lembrando que quando grandes narrativas surgem na mente, é um sinal de que há grandes sentimentos no corpo que precisam de nossa atenção. Não que Johnny deixasse Sam "fora de si", mas ele afrouxou o controle interno sobre qualquer resultado do relacionamento — entregou-o ao universo.

Entregar uma situação ao universo, a Deus, ao sagrado ou divino, à fonte, ao carma, significa entregar seus pensamentos, seu roteiro, sobre essa situação. É perceber que a forma como tem visto a pessoa não deu certo, não trouxe conserto, nem paz, só mais violência, mais caos interior. Quando você termina um relacionamento desafiador, ou mesmo quando está no meio de um com uma pessoa difícil, essa é uma das ações mais transformadoras que se pode tomar.

Prática: Entregue ao Altar para Ser Alterado

Marianne Williamson, ativista política, autora e professora espiritual, escreveu: "Entrego meus medos e fardos a Deus. Sei que eles serão tirados de mim, pois o que coloco no altar em minha mente é então alterado em minha vida".[3] Religiões e práticas espirituais em todo o mundo usaram e usam altares como parte de seus rituais mais profundos — são o local onde o humano e o divino se encontram, onde promulgamos nossa devoção, onde colocamos nossas ofertas mundanas e as entregamos a algo maior do que nós mesmos.

Obviamente, Marianne Williamson está falando de um altar metafórico aqui, mas o rito literal do altar é um belo instrumento de entrega; um altar é um local físico que pode simultaneamente fundamentar o abstrato (nossos pensamentos, sentimentos, medos, esperanças e intenções) e elevá-los além do reino terrestre. Se você está em um momento em que precisa abrir mão de um relacionamento com o universo, encorajo-o a tentar montar um altar em casa — e colocar sua(s) pessoa(s) difícil(eis) nele. Quando você coloca alguém em seu altar, está pedindo mudança, *alteração*, de duas maneiras: está pedindo para vê-los de forma diferente, e está desejando ativamente que estejam em paz para que estejam de uma maneira diferente no mundo.

Criando um Altar Doméstico

1. **Dedicar um Espaço:** A palavra "altar" deriva de uma combinação de duas palavras latinas: *adolere*, que significa "queimar ou sacrificar ritualmente", e *altarium*, que significa "alto". O altar se eleva. Entre em qualquer igreja, templo ou mesmo casa onde haja altares, e você verá que são sempre uma superfície elevada. Então, em sua própria casa, o ideal é encontrar uma superfície elevada que você pode dedicar como seu altar. Não precisa ser chique — pode ser um canto da sua cômoda, uma prateleira, uma mesa pequena ou até mesmo um balcão de cozinha. O que importa é que

este é um espaço dedicado (ou seja, este é o seu único propósito), que você vai ver e interagir regularmente e que pode manter organizado e limpo. Se estiver muito empolgado, pode considerar coisas como para qual direção o altar está virado: talvez queira que ele fique voltado para o leste, em direção ao sol nascente, ou para o oeste, em direção ao poente. Talvez queira que ele fique na direção da sua terra natal ou de seus ancestrais. Se estiver no Hemisfério Norte, talvez queira se orientar em direção a Polaris, para ajudar a guardar na mente uma "Estrela Polar" própria — aquela que guia seu movimento pelo mundo.

2. **Prepare seu Altar:** Reúna os objetos que colocará em seu altar. Tenha em mente que o altar é o seu lugar para se conectar com o sagrado, seja lá o que isso signifique para você. É seu lugar para se conectar com o mistério, com aquelas forças maiores do que nós, com as pessoas que vieram antes de nós e com a vida que fluiu ininterruptamente através delas para nós. E, claro, o que se segue são apenas sugestões, não ditames rígidos e rápidos, e as categorias podem se sobrepor para você.
    - Algo que faz você se sentir em paz e conectado ao sagrado — pode ser uma combinação de fotografias de seus antepassados, representações de sua cultura ou lembranças pessoais como uma joia, talismãs pessoais ou representações de divindades.
    - Algo natural — flores, pedras de rio, cristais, folhas, pinhas, vidro de praia, pedaços de troncos, conchas; algo terroso, sabe? Bônus se o objeto for de um lugar ou lugares significativos para você ou estiver relacionado com eles.
    - Velas ou incenso — lembra-se da outra raiz do "altar", *adolere*, para queimar ou sacrificar ritualmente? O fogo pode destruir, consumir, mas também pode purificar. É liberação, purificação, novos começos. É acolhimento, calor, luz.
3. **Coloque a Pessoa Difícil no Altar:** Escreva seu nome em um pedaço de papel e dobre-o ou coloque-o em um envelope. Pode ser simples — escrever em um pedaço de papel de

caderno e dobrá-lo ao meio — ou sofisticado — um pedaço de papel timbrado caro que você comprou porque fez você se sentir "adulto", mas nunca usou — ou mesmo na parte de trás de um cartão postal da cidade ou da escola onde se conheceram, das férias que tiraram juntos ou daquela que você pretendia tirar, mas nunca tirou. Deixe seu coração guiá-lo. Não tem jeito errado. Acenda sua vela ou incenso (por segurança, apague depois de terminar esta etapa) e coloque o papel com o nome da pessoa no altar. Para si mesmo, em voz alta ou em silêncio, pode recitar, *eu entrego, eu entrego, eu entrego*. Ou você poderia dizer algo como: "Querido Universo, querido Deus, queridos Budas, queridos Seres Celestiais, queridas Forças Invisíveis, ajudem-me a ver o que não posso ver. Ajudem-me a mudar minha perspectiva sobre essa pessoa. Concedam-lhe paz". Respire fundo e tente encontrar a tensão em seu corpo e fique com ela até perceber que ela muda ou passa. Lembre-se, os altares são lugares de sacrifício — desistimos de algo que valorizamos (nossa necessidade de estar certo, nossos mecanismos de defesa, nosso controle) por outra coisa que sabemos ser mais digna (paz, conexão, liberdade).

Use seu altar como um lugar para ajustar intenções, conectar-se com seus ancestrais ou seres sagrados, meditar, orar, fazer rituais. Mas cuide dele — mantenha-o limpo e, ocasionalmente, adicione-o ou troque os itens que lhe parecerem adequados. Você pode orar por suas pessoas difíceis, se quiser, mas não precisa — já entregou seu controle sobre a situação. (Eu oro pelas pessoas difíceis da minha vida como parte da minha prática, e isso me ajuda a me conectar a elas em nível de coração; isso me ajuda a ver sua humanidade.) Quando se trata do papel real com o nome da pessoa difícil, deixe estar. Deixe o universo lidar com isso.

No futuro, você saberá quando é hora de remover o nome deles do seu altar. Quando essa pessoa surge em sua mente e não há reação intensa; quando não interage com ela em sua mente, lutando contra si mesmo sobre o que aconteceu; quando o pensamento surge e passa, e não há resíduo emocional no corpo — é quando se sabe que o trabalho está funcionando; é quando você sabe que está começando a se libertar, quando aprendeu a lição cármica oferecida.

Mas só você pode saber quando aprendeu a lição. Só você sabe se cultivou mais paciência, se você se "formou". Algumas pessoas e situações podem se curar com o tempo. Talvez esteja pronto para ter essa pessoa em sua vida de novo depois de alguns anos — ou o tempo que precisar. O ponto é que você saberá quando esse tempo chegar, e não é necessário ser rígido nesse pensamento. Lembre-se, trata-se de aprender uma lição e não de punir a outra pessoa. Você entregou essa pessoa/situação ao altar para que pudesse ser alterada, não para que pudesse ganhar.

VOCÊ INEVITAVELMENTE SERÁ CONFRONTADO COM MAIS LIÇÕES DE MAneiras diferentes e por meio de pessoas diferentes. Esse é o sentido da vida: graduar-se continuamente ao longo da vida. Pessoas difíceis são como mensageiros, nos entregando coisas nas quais precisamos trabalhar. Sempre enfatizarei isso. Desafios em todas as formas são oportunidades para nos vermos melhor, para praticar as habilidades que nos levarão ao carma benéfico, em direção às vidas que queremos. Isso inclui pessoas difíceis. Não culpe o mensageiro. Às vezes, somos capazes de interpretar a mensagem apenas com alguma perspectiva. É aqui que os limites saudáveis entram em jogo e são benéficos. E às vezes, com perspectiva, a sabedoria surge sobre nós mesmos — *sou difícil, sou rígido demais, sou frágil demais?*

Mas, em um dado momento, temos que revisitar esse relacionamento. Temos que fazer as pazes com o passado para testar a profundidade de nossa presença. Essa é a dança. Estamos vivendo um momento em que muitas pessoas estão acordando para a ideia de que algumas das dinâmicas que normalizaram em suas vidas não são, de fato, aceitáveis. Há muitas discussões girando em torno de pais narcisistas, sem contato e assim por diante. E até certo ponto, *sim*. Até certo ponto, isso é ótimo. O problema é que há quem passe dez, quinze, vinte anos sem falar com várias pessoas em suas vidas, pois sente que se evitar, negligenciar, rejeitar, se afastar, não ver e não se envolver, está se tornando livre. Mas nossa liberdade é verdadeiramente realizada apenas no contexto com o outro.

Uma coisa é proteger sua paz. Às vezes é preciso sair da equação por um tempo para cuidar de si mesmo para que possa ser mais confiante, mais energizado. Mas isso não é espiritualidade — é desenvolvimento pessoal. Pergunte a si mesmo: agora que "protegeu sua paz" e está presumivelmente operando a partir de um lugar de maior equanimidade, de maior serenidade, pode sustentá-la fora da sua bolha? Pode descer a colina, esperar naquela fila, perder seu trem e lidar respeitosamente com aquele colega, aquele assistente de loja, aquela enfermeira que lembra seu pai, sua irmã, seu ex-melhor amigo? Porque você terá que fazer isso. O caminho espiritual sempre nos empurrará de volta para o fogo. Naturalmente trará de volta o passado para que ele, para que nós possamos ser transformados. Assim, você pode ter um momento de transfiguração quando a maneira onerosa como via uma pessoa ou experiência não dá mais gatilhos.

Bambu, Não Arame Farpado

Uma das maneiras mais comuns de tentarmos evitar nossos gatilhos é erguendo limites rígidos ao nosso redor, fortalezas impenetráveis que nos fazem *sentir* seguros, mas que na verdade nos isolam, transmitindo ao mundo que não somos acessíveis, não somos relacionáveis, somos alguém a evitar. Também tendemos a usar limites como armaduras emocionais, protegendo nossos eus futuros de mágoas passadas — "fui abandonado por alguém que pensei ser um amigo próximo" se torna uma energia de "não deixo as pessoas se aproximarem". Novamente, você envia a mensagem de que é alguém a ser evitado, que não quer ser conhecido. Em prol da proteção, afasta o amor e a conexão — o *oposto* do que quer. Todos nós nos lembramos da quarentena, certo? Ficar confinado *deve* ser uma resposta de emergência.

Nem todo gatilho, nem toda dor social, é uma emergência. Mas nos acostumamos a tratá-los como se fossem, acostumados a normalizar a histeria. Também começamos a tratar os limites — ou o cruzamento deles — como uma ofensa imperdoável sem examinar os próprios limites ou nossa responsabilidade de aplicá-los. Vamos de "Você cruzou um limite" para "Até nunca mais". Isso é uma merda tirada do mundo-espelho de *Alice no País das Maravilhas,* meu bem — limites saudáveis não separam você das outras pessoas. Quando temos limites saudáveis, comunicamos claramente o que precisamos e esperamos dos outros. Limites saudáveis geram respeito e compreensão, que aproximam. Se seus limites não estão ajudando sua libertação, então, mana, você precisa se autoavaliar seriamente.

Vamos voltar ao básico aqui, aceitar ser iniciante. Literalmente, o que é um limite? Tipo, na vida real. É o que separa um lugar do outro, né? É a linha na areia, a fronteira, o rio, o limite onde uma coisa termina e outra começa. Aplicando isso metaforicamente a uma pessoa ou a um limite, então, é onde *você* termina e *eu* começo. É a linha que se traça entre o que se vai permitir e o que não se vai. É treinar sua compreensão de que só se pode controlar seu próprio comportamento — você estabelece limites para *si mesmo,* não para os outros. É aqui que muitos de nós perdemos o rumo. Achamos que estabelecer limites tem tudo a ver com ditar o comportamento dos outros. Não, meu amor. As pessoas fazem as coisas do jeito delas.

Quando estabelecemos limites, temos clareza sobre o que possuímos e o que não possuímos, como a responsabilidade por como as outras pessoas agem, o que pensam ou como se sentem. Quando estabelecemos limites, abrimos espaço para nós mesmos — um espaço em que outras pessoas não estão constantemente se intrometendo — no qual podemos avaliar honestamente o que nos é importante e como queremos nos relacionar com os outros. Um limite cria uma distância saudável; cria perspectiva.

Para ser justo, não recebemos uma tonelada de treinamento estabelecendo limites saudáveis ao crescer. A maioria de nós aprende a ter limites muito fracos ou muito rígidos. Limites fracos são porosos — a "separação" entre você e o outro está nebulosa, há muitas pessoas agradando, há muito medo de rejeição, há muito ressentimento. Limites rígidos são mecanismos de defesa inflexíveis, e há muito medo de ser ferido. Aqui, estamos falando principalmente do tipo inflexível — embora os limites porosos também sejam prejudiciais à amizade sagrada genuína (ah, mas não se preocupe, falaremos sobre eles no próximo capítulo) — porque eles são usados com muita frequência como desculpa para você ignorar o trabalho que precisa fazer. Limites como respostas ao trauma, como controle, nascidos da histeria, baseados em evitar emoções desafiadoras. Quando usados dessa maneira, os limites são uma forma de desvio espiritual, semelhantes a cancelar alguém ou cortá-lo completamente da sua vida.

A ironia é que aqueles que estão mais investidos em ativismo ou crescimento pessoal ou mais barulhentos sobre trilhar o caminho da libertação muitas vezes são aqueles com os limites mais rígidos. Há uma certa energia de "crente verdadeiro" em limites rígidos, uma atitude de "as coisas devem ser feitas desta maneira ou de outra". Isso é fanatismo. Limites excessivamente rígidos entram em jogo em uma variedade de cenários. Em primeiro lugar, aquele sobre o qual estivemos falando e por que estamos aqui: você é rápido ao cortar pessoas da sua vida ou cortou repetidamente pessoas significativas da sua vida. Mas também, você pode ter limites rígidos se as desculpas significarem pouco, não leva opiniões de outras pessoas em consideração, não considera a opinião dos outros, leva as críticas para o lado pessoal (limites rígidos são um escudo contra isso), tem regras rígidas sobre o que faz e quando, que não está disposto a dobrar para os outros, tem regras rígidas sobre o que os outros fazem e como podem estar em relacionamento com você — quando podem ligar, enviar mensagens de texto, com que frequência etc., com pouco ou nenhum espaço para a graça.

Ser capaz de comunicar seus limites e suas limitações é muito saudável, ainda mais para uma conexão significativa. É preciso ser capaz de dizer ao seu amigo, ao seu parceiro ou aos seus colegas de quarto: "Ei, eu preciso de um tempo para mim mesmo todos os dias" e não se sentir culpado por expressar isso. Sim, se alguém bater na sua porta cinco minutos depois que você disse que precisava ficar sozinho, essa pessoa está cruzando um limite. Mas você voa logo no pescoço deles (externa ou internamente), ou está disposto a parar e ver o motivo? Em vez de um muro de concreto com arame farpado no topo, os limites devem ser feitos de bambu — forte e durável, mas com certa suavidade, flexibilidade, curvando-se ao vento, como a vida exige. Se seus limites são super rígidos, pergunte-se: eles realmente são úteis ou estão ferindo você? Não há problema em dizer não com frequência, mas apenas se souber dizer sim com a mesma frequência. É preciso permitir que seus limites mudem à medida que você muda.

Todos nós temos muitos tipos diferentes de limites — emocionais, físicos, materiais, intelectuais, temporais — e o quão importantes eles são para nós e onde os marcamos variará de pessoa para pessoa e de contexto para contexto. A chave para que esses limites sejam saudáveis, para ter bons limites, é saber o que se quer de um determinado relacionamento e ter uma compreensão clara de seus valores. Quando não temos um forte senso do que valorizamos, quando não temos certeza do que acreditamos quando se trata de como tratar os outros, como queremos ser tratados e como acreditamos que devemos estar no mundo, é difícil estabelecer limites.

Se você vive de acordo com seus valores, você vive com integridade, e quando você vive com integridade, você conhece seus limites (e quando eles são cruzados). Na verdade, é aí que surge o conflito "saudável" — sim, o conflito é neutro, mas aqui quero dizer que surge de um lugar saudável, que é autoconsciente em vez de reativo. Infelizmente, a maioria das pessoas não tem ideia do que valoriza. E por não saberem o que valorizam, não vivem com integridade, e por não viverem com integridade, seus limites estão constantemente em movimento e, portanto, constantemente cruzados, de modo que qualquer coisinha pode ganhar uma proporção enorme.

Inevitavelmente, ao estabelecer limites, você encontrará pessoas que respondem mal a eles. Há muitas crianças crescidas de 5 anos por aí que não gostam de ouvir "não". Mas quando seus limites são saudáveis, isso não será um desastre. Não será uma emergência, porque você será firme em sua convicção; não vai duvidar de si mesmo, porque seu limite o apoia a viver em integridade com o que valoriza. E quando estiver diante do limite de outra pessoa, em vez de se ofender, entenderá que é uma expressão de suas necessidades, não um julgamento ou uma tentativa de controlar seu comportamento. Quando você tem bons limites, é proativo, não *reativo*. Quando tem limites rígidos, está sempre *reagindo*. Não é sobre você! Você está constantemente orientado para os comportamentos de outras pessoas, criando uma fortaleza ao seu redor com base em seus gatilhos. O crescimento e a conexão não podem acontecer nessas condições. Os limites devem ser criados e estabelecidos como pontos de conhecimento, de restauração, de reparo, de bem-estar, de compreensão de até onde você pode ir antes de ter que descansar.

Use limites para honrar e reforçar o comportamento respeitoso e amoroso que você merece dos outros, para aumentar seu bem-estar, não para se esconder da vida.

Prática: Limites para a Vida

Estabelecer limites saudáveis em nossos relacionamentos é fundamental para uma conexão real. Quando temos limites saudáveis — que não são nem muito porosos nem muito rígidos — as pessoas com quem nos preocupamos entendem nossas necessidades com mais clareza, bem como a forma de atendê-las.

Mostrar às pessoas o que precisamos pode parecer profundamente desconfortável — pode fazer com que nos sintamos *vulneráveis*. Ironicamente, mesmo que um limite indique uma linha intransponível e, portanto, uma distância segura ou apropriada entre nós e outra pessoa, estabelecer limites pode nos fazer sentir *abertos* a nos ferirmos. É normal se sentir assim. Podemos nos sentir vulneráveis quando estabelecemos limites com as pessoas em nossas vidas porque temos medo de como elas responderão a eles. Tememos que fiquem com raiva, magoadas, ou desaprovem. Tememos ser rejeitados — perder tal pessoa, tal conexão, tal pertencimento.

Por mais difícil que seja, precisamos nos lembrar de que estabelecer limites é um ato de amor radical e compaixão que serve a nós dois. Quando estabelecemos um limite, reconhecemos aquilo que merecemos incondicionalmente, e esse limite não tem como premissa o nosso comportamento, mas também não tem como premissa o comportamento da outra pessoa. Quando o estabelecemos, reconhecemos o que nos causa sofrimento e procuramos aliviá-lo. Ao fazer isso, também procuramos aliviar o sofrimento da outra pessoa, diminuindo a possibilidade de conflitos desnecessários entre nós.

Manter limites saudáveis é um processo de três partes. Para estabelecê-los, você precisa *determinar* quais são seus limites. Depois de saber quais são, precisa *comunicá-los*. E, por fim, deve *sustentá-los*. Estabelecer limites é um trabalho contínuo exclusivo de cada relacionamento. O que se segue é um guia solto para considerar limites em relacionamentos individuais, não necessariamente um modelo para criar um conjunto de limites que você aplica em toda a sua vida.

Determine: Para definir um limite, você precisa saber que limite é esse. Como eles podem variar de relacionamento para relacionamento (e de contexto para contexto), é importante considerar quais são suas necessidades em qualquer relacionamento. Talvez, por exemplo, você tem um irmão mais velho que admira muito e percebe que uma de suas necessidades nesse relacionamento é o respeito. Reserve um tempo para anotar essas necessidades, independentemente de quais sejam elas. Agora, considere seus valores. Para sua sorte, você já fez esse trabalho (ou boa parte dele) no capítulo 2. Pegue a lista que montou enquanto respondia a essas perguntas sobre quem admira, o que quer, o que te inspira, o que te satisfaz. Agora, faça a si mesmo duas perguntas: "Esse relacionamento atende ou não às minhas necessidades?" e "Nesta relação, sou capaz de estar em integridade com os meus valores?" Suas respostas a essas perguntas podem apontar o caminho para onde precisa definir limites melhores. Por exemplo, você pode perceber que seu irmão mais velho, que constantemente critica suas escolhas, como onde você trabalha, onde mora e com quem namora, não atende à sua necessidade de respeito.

Comunicar: As pessoas não leem mentes. O objetivo de um limite é reforçar os relacionamentos, não abandoná-los. A ideia não é estabelecer um limite em sua cabeça e depois cancelar alguém por violá-lo. Cabe a você deixar seu irmão, por exemplo, saber qual é o seu limite — de preferência, antes que ele tenha a chance de cruzá-lo. Seja calmo, direto e assertivo. Concentre-se em si mesmo e abstenha-se de fazer acusações. Lembre-se, isso não é sobre eles — você não está aqui para controlá-lo ou puni-lo. Então, voltando ao seu irmão imaginário, é possível dizer: "É muito importante para mim me sentir respeitado. Questionar minhas escolhas faz eu me sentir desrespeitado. Não estou aberto a discussões sobre isso". O que não dizer: "Quando você questiona minhas escolhas de carreira, está sendo desrespeitoso. Se fizer isso de novo, eu vou embora". O foco está no que você faz, não em dizer à outra pessoa o que não fazer.

Sustentar: Os limites só funcionam se você os sustentar. Digamos que seu irmão tenha, de fato, trazido seu trabalho à tona. Você pode dizer: "Não estou interessado em falar sobre isso agora". Se ele persistir e estiver pessoalmente com você, uma saída é afirmar, com respeito: "Obrigado por vir tomar café/almoçar/beber comigo. É muito importante para mim. Vou para casa agora. Se cuide/fique bem". Se estiver no telefone, a mesma coisa: "Bom falar com você. Eu te amo. Vou desligar". Não precisa justificar ou explicar seu limite. Não precisa defendê-lo. E, definitivamente, não precisa discutir nem ser sugado para uma discussão sobre isso. Quando você continua a estar com uma pessoa que não respeita seus limites, está enviando a mensagem de que talvez haja alguma validade em duvidar de você. Não há. Parte de sustentar bem seus limites é se preparar para essa possibilidade ou, pior, para resultados mais negativos, como respostas baseadas na raiva. Lembre-se de que a resposta deles reflete apenas neles, não em você.

Capítulo 5

Permanecendo no Fogo

O conflito é uma espécie de provação se conseguirmos permanecer no fogo tempo suficiente para sermos transformados. Quando permanecemos no fogo, toleramos e até damos boas-vindas a sentimentos difíceis, em vez de nos fecharmos ou fugirmos, temos a profunda oportunidade de criar laços ainda mais profundos no relacionamento. Em conflito, podemos aprender o que realmente importa para uma pessoa, quais são suas necessidades, pelo que ela anseia. Desenvolvemos intimidade emocional e fortalecemos nossa capacidade de ver a vida além dos limites da nossa própria perspectiva limitada. Se, no entanto, nos afastamos toda vez que estamos diante de conflitos, dificuldades ou discordâncias, praticamente garantimos que nossos relacionamentos permaneçam superficiais.

Com o tempo, também treinamos nossos amigos, família e amantes a não serem honestos conosco, a não confiarem em nós com sua dor, a não abordarem nada que possa desencadear conflitos, porque qual a finalidade disso? Ensinamos com sucesso a todos ao nosso redor, assim como a nós mesmos, que não temos a capacidade de lidar com coisas difíceis. Pior, ensinamos a nós mesmos que temos *direito* apenas a sentimentos "bons".

Mas mesmo quando *pensamos* estar dispostos a permanecer no fogo, mesmo encarando o conflito — cuidando de nossos gatilhos e não usando limites como armadura emocional — manter-se presente pode ser tão desconfortável que parece quase impossível. Tolerar o desconforto emocional, ser capaz de se estar diante de sentimentos difíceis, é uma grande parte do caminho da libertação. Sentimentos intensos se manifestam da mesma maneira — no corpo — se estamos sozinhos ou com outra pessoa. No entanto, quando estamos com outra pessoa, a intensidade desses sentimentos pode parecer maior. Apenas estar com esses sentimentos, permitindo que eles se movam através de você e se manter centrado é muito mais difícil.

Por quê? Quando você está com outra pessoa, há uma troca energética. Há que se lidar com linguagem corporal, expressões faciais, contato visual; há camadas de comunicação para processar além do que é dito. Mesmo quando não estamos em conflito, muitas pistas não verbais são constantemente processadas entre duas pessoas. Agora, imagine tudo isso amplificado por emoções que parecem de altíssimo risco. Com a quantidade de sinais para processar, torna-se quase impossível manter seu âmago em repouso. É inquestionavelmente mais difícil repousar no presente quando se está emocionalmente ativado e se relacionando com outra pessoa.

Quando isso está em curso, é mais fácil aceitar um condicionamento: "Ele(ou ela) fez com que eu me sentisse assim". É mais fácil desistir da responsabilidade pelo que está acontecendo em seu corpo. É mais fácil acreditar que esses sentimentos são a verdade sobre o momento, sobre quem você é, sobre quem é essa pessoa. Emoções difíceis no contexto do conflito são, de certa forma, sedutoras, porque reforçam o condicionamento de que o eu que tanto prezamos existe inteiramente fora do corpo social, fora de um contexto coletivo — que estamos separados um do outro.

Ter a capacidade de estar centrado, mesmo quando seu corpo está inundado de emoções, mesmo quando sua mente está inundada de narrativas destrutivas, exige muita habilidade. É aqui que entra o trabalho feito em você mesmo — a primeira metade da equação da libertação. É preciso praticar regularmente a estadia em seu corpo, em seus sentimentos, voltar ao centro quando estiver *sozinho*, a fim de ter alguma esperança de fazê-lo com outra pessoa presente. Você precisa se comprometer com as práticas de estar com os ressentimentos (como no Capítulo 2) e observar sem julgamentos (como no Capítulo 3). Ter uma prática diária de centralização possibilita observar o caos que está acontecendo dentro do seu corpo, da sua mente, e que está se derramando da outra pessoa sem se deixar levar, sem julgar o que se observa. É muito, muito difícil. Mas é possível.

O objetivo de permanecer no fogo é não ser *consumido* por ele, certo? Não queremos ser consumidos por nossos sentimentos. É importante lembrar que alguns deles podem ter uma textura mais inflamável do que outros, ainda mais quando vivenciados repetidamente sem acesso ao seu âmago. Mas o que cria rigidez e contração dentro de nós é como nos relacionamos com esses sentimentos. Mesmo que estejamos longe de ter dominado uma prática de retornar ou permanecer em nossos corpos em momentos de emoção intensificada, sempre há algo disponível para nós, que todos podemos fazer, a qualquer momento, em tempo real, para, pelo menos momentaneamente, interromper nossa reatividade: conectar-se à nossa respiração.

Prática: Conecte-se à Respiração

Quando você é atingido por uma emoção intensa, permanecer presente, apenas isso, pode ser uma grande batalha, imagine então processar a sensação no corpo. Porém, não importa quão intensas as coisas fiquem, sua respiração está sempre disponível para você. Mesmo quando se encontrar exaltado e reativo, ainda pode se conectar à sua respiração. O que há de tão bom em respirar fundo?

A respiração nos mantém presentes. É a porta de entrada para o momento presente. Se estamos viciados no passado, ou viajando para o futuro, é quase impossível encarar com maturidade um momento de conflito, muito menos com amor e compaixão radicais. O presente é o lugar da possibilidade. Na vida, mas especialmente no conflito, tendemos a nos concentrar nos resultados desejados — em outras palavras, nos concentramos no futuro, e em um futuro muito específico. Nossa visão do que *poderia ser* se torna muito limitada. Acreditamos que só podemos ser felizes se conseguirmos exatamente o que queremos. Essa é a mentalidade de um viciado: *preciso disso para sentir aquilo.*

A respiração nos ancora no corpo. Quando você convida o respirar, dá à sua mente as coordenadas do seu corpo. Concentrar-se na sensação da respiração imediatamente o ancora em seu ser físico. Estar no corpo é fundamental para estar presente. Como dissemos antes, onde o corpo vive? No presente.

A respiração acalma. Ela não apenas o fundamenta no corpo, mas também regula o organismo. A respiração controlada pode diminuir a frequência cardíaca, baixar a pressão arterial e ativar o sistema nervoso parassimpático, sinalizando ao sistema nervoso simpático que não precisa lutar, fugir ou paralisar. É incrivelmente difícil se concentrar e trazer a consciência focada do momento presente para o conflito quando seu sistema nervoso está enlouquecendo.

A respiração cria espaço. Respirar fundo cria uma pausa entre a emoção e a resposta. Cria espaço entre sentimento e narrativa. Nesse espaço, temos como reconhecer nossas emoções, oportunidade de nomeá-las. Fazer isso é um ato de observação que nos ajuda a criar separação (espaço) entre o sentimento e o eu. É nesses espaços que a sabedoria muitas vezes surge, é neles que ouvimos o espírito sussurrar.

Como se Conectar à Sua Respiração

Coloque as duas mãos na barriga. Inspire lentamente pelo nariz, contando até quatro. Ao inspirar, imagine que está puxando o ar para o interior e para baixo, enchendo a barriga e levantando as mãos. Mantenha os ombros relaxados. Expire pelo nariz, contando até quatro. Segure o vazio por quatro.

Agora, vasculhe seu corpo em busca de qualquer tensão. Se localizar, dê um pouco de atenção a ela e ofereça estas palavras à essa sensação: "Olá, amiga. Você é bem-vinda".

Lembre-se de não dar palco para as histórias que estão emaranhadas com a tensão e apenas se concentre no sentimento do corpo pelo que ele é: **uma sensação passageira**.

Flexível com as Estratégias, Firme com as Necessidades

Lembra-se dos nossos velhos amigos, o cadarço e a cobra? O cadarço é um sentimento, e sentimentos vivem no corpo. A cobra é a percepção que a mente tem do cadarço — é a *resposta* da nossa máquina-de-sentidos ao sentimento. A cobra é uma história que surge do passado (a vez superassustadora em que você foi mordido por uma cobra). Quando praticamos estar com esse sentimento desconfortável (como o medo) por tempo suficiente, percebemos gradualmente que não há cobra. Nossa percepção muda.

Trago isso como um lembrete de que no conflito acontece a mesma coisa: nossas mentes respondem a grandes sentimentos no corpo com histórias ainda maiores sobre o que está acontecendo no momento presente. E, em seguida, ressalto que, nove em cada dez vezes, essas histórias não são um reflexo do que está acontecendo na nossa frente, mas sim narrativas que temos transportado do passado para o presente, uma velha bagagem emocional que arrastamos conosco para cada interação significativa ou carregada. Em seguida, deixamos a história ligada à sensação inicial de desconforto roubar completamente o show. Reagimos *à história*, não ao que a outra pessoa está dizendo ou fazendo por si só — e reagimos da mesma maneira prejudicial e dolorosa que sempre reagimos. Nossa reação também é uma espécie de roteiro, que memorizamos na idade adulta.

Quando permanecemos no fogo, no entanto, saímos do passado para o presente. O fogo se apagará em algum momento. Aprendemos que os sentimentos passam se os deixarmos. E podemos enfim parar de reagir automaticamente, enfim largar esse script. No rescaldo do incêndio, do outro lado dos sentimentos intensos, nossa percepção muda; estamos abertos a ver a nós mesmos e uns aos outros de forma diferente — a ouvir e escutar uns aos outros com *consciência* e, portanto, *compaixão*.

Quando estamos em conflito e vivendo em nossas sombras, deixando nossas histórias comandarem o show, as chances de chegarmos a um entendimento mútuo são pequenas ou nulas — porque não entendemos por que estamos, na verdade, em colisão. Não temos *autoconsciência*, muito menos consciência da interioridade de outra pessoa, seu panorama emocional, sua realidade. Sem consciência, não há compaixão.

O conflito interpessoal pode advir de valores, motivações, desejos, ideias, julgamentos, desinformação ou mal-entendidos concorrentes, *mas* por trás do esboço de qualquer conflito particular que esteja se desenrolando está a mesma questão central: atender às nossas necessidades. Esta é a premissa básica da Comunicação Não Violenta (ou CNV, como a chamarei daqui em diante): cada ação que executamos é uma tentativa de atender a uma necessidade, e em nenhum lugar isso é mais válido do que no conflito. Quando estamos *cientes* disso — e se conseguirmos permanecer no fogo teremos espaço para tal — torna-se mais fácil entender nossas próprias escolhas, comportamentos e ações e nos afastar da vergonha, culpa, acusações, atribuição de "certo" e "errado", identificando-nos ou aos outros como "bons" ou "maus" e o desejo de retribuição ou punição. Todas essas coisas que adicionam dor ao que já é doloroso... ou que podemos chamar de "violentas". Em outras palavras, todas as coisas que geram *sofrimento*.

A CNV é muitas coisas — podemos descrevê-la como uma ferramenta, um processo, um sistema, mas acho que é mais simples dizer que, em sua essência, é uma filosofia de ser, um modelo de como estar *uns com os outros* no mundo. Marshall Rosenberg, fundador da CNV, descreveu-a como baseada no princípio de *ahimsa*,[1] uma ética compartilhada pelo budismo, hinduísmo e jainismo que nos orienta a viver de tal maneira que não causamos nenhum dano a nenhum ser vivo, incluindo nós mesmos, em pensamento, fala ou ação. Desta forma, você pode ver ahimsa como uma extensão da compaixão: nosso desejo de aliviar o sofrimento significa que também nos comprometemos a não causá-lo. Como Sua Santidade o Dalai Lama, disse: "A verdadeira expressão da não violência é a compaixão".[2]

Quando temos consciência de que todos estamos apenas tentando satisfazer nossas necessidades, temos o poder de transformar o julgamento em compaixão. Temos empatia pelo sofrimento um do outro — neste caso, a dor de uma necessidade não atendida — e um desejo de aliviá-la. A compaixão nos ajuda a permanecer no presente — a nos concentrar em entender a nós mesmos e uns aos outros, em vez de buscar histórias centradas na culpa (voltando-se para o passado) ou resultados (voltando-se para o futuro). E estar presente nos ajuda a permanecer compassivos: quando estamos verdadeiramente presentes, ouvimos as palavras que estão sendo ditas sem sermos arrastados para novas histórias em nossa mente, e ouvimos os espaços entre as palavras, onde a sabedoria muitas vezes emerge.

Na amizade sagrada, ouvir assim é como um ato de devoção, porque nos permite ver verdadeiramente os outros (e sermos vistos por eles), vivenciar o pertencimento. Como Kristin Masters, uma praticante de longa data de CNV e instrutora certificada de CNV, descreveu lindamente em uma conversa comigo: "Se soubermos ouvir de verdade o que alguém está dizendo, se soubermos ouvir pelo que eles *anseiam*, em vez de ouvir a conversa, então temos a oportunidade de realmente nos conhecermos e sermos conhecidos — de assumir riscos e ser reais uns com os outros — sem sacrificar nosso pertencimento, a necessidade humana suprema".[3]

Eu amo o foco de Kristin no anseio aqui, porque vai diretamente ao núcleo do que é ser humano. Na experiência de Kristin trabalhando com todos, desde pessoas encarceradas até estudantes de CNV, a palavra "necessidade" desencadeia a sombra na maioria das pessoas. Como o primeiro passo para se comunicar bem no conflito é a autoconsciência, parece natural tentar identificar nossas próprias necessidades, certo? Mas Kristin sugere, em vez disso, que, em momentos de conflito, nos perguntemos: "O que anseio? Qual o meu sonho?" Quando sabemos as respostas a essas perguntas e conseguimos prestar atenção às nossas motivações, então podemos descobrir como ir nessa direção e pedir que essa necessidade seja atendida. O mesmo vale para ouvir os outros: em vez de escutar a reclamação, escute o sonho. Esse é o nosso caminho para atender às necessidades dessas pessoas.

Na CNV, a solicitação para que uma necessidade seja atendida é chamada de "estratégia". Qualquer ação que achamos que pode ser tomada para atender a uma necessidade é um tipo de estratégia: "Quero que você me ligue todos os dias" e "Vou me esforçar para dizer 'sim' a mais convites" são estratégias para atender a uma necessidade de conexão, por exemplo. Isso não significa que ambas as estratégias tenham a mesma probabilidade de sucesso. Mas quando temos clareza sobre o que buscamos e desejamos, podemos fazer escolhas mais informadas sobre qual estratégia adotar.

Tenho muito mais controle sobre dizer sim do que sobre o momento em que você decide atender o telefone. A questão é que quase sempre há muitas estratégias disponíveis para nós, mas, como seres humanos, tendemos a ser muito rígidos e inabaláveis sobre a maneira "certa" como uma necessidade "deveria" ser atendida. Nossas estratégias se tornam muito estreitas quando nossa compreensão é estreita — dizemos a nós mesmos: "A única maneira de me sentir seguro é se eu for a pessoa mais importante para meu amigo/membro da família/amor e ele provar isso me enviando as minhas flores favoritas/emoldurando uma foto nossa na casa dele/etc". Na realidade, existem muitas maneiras de atender à sua necessidade de segurança: algumas delas podem ser internas, algumas podem ser relacionais, algumas virão do mundo. E algumas surgirão dessa camada de simplesmente saber e afirmar que você importa, que sua necessidade importa e que continuará a importar, seja ela atendida ou não, porque na vida nem tudo vai dar certo, e nem todas as necessidades serão atendidas em todos os relacionamentos ou dinâmicas. Mesmo que não possamos satisfazê-las, ainda podemos reconhecer que elas estão lá.

Kristin afirma, de forma majestosa: "Queremos nos apegar livremente às nossas estratégias e firmemente às nossas necessidades". Precisamos reconhecer nossas necessidades e as dos outros, e amá-los em vez de nos esquivarmos deles. No fim das contas, precisamos uns dos outros. Por baixo do nosso condicionamento, compartilhamos as mesmas necessidades essenciais: a necessidade de pertencer, de nos sentirmos reconhecidos e aceitos, de importar, de nos sentirmos seguros. Entender isso revela que o que temos em comum supera muito nossas diferenças, o que cria conexão.

Quando colocamos tudo isso em cima da mesa — em conflito ou na construção de amizades — quando podemos trazer uma curiosidade calorosa para a experiência um do outro sem insistir em alguma "maneira certa" de atender a uma necessidade, temos muita inteligência criativa disponível para nós. Juntos, muitas vezes podemos encontrar uma estratégia que funcione para nós dois ou, como às vezes acontece, reconhecer que não vai mais funcionar. Quando nos concentramos nas necessidades e não na culpa ou no julgamento, somos libertados do nosso hábito de descobrir quem está errado, quem tem um problema, quem ou quantos mais devem sofrer.

Em vez disso, fomentamos a empatia, para nós mesmos e para os outros, e a conexão. Podemos vivenciar a alegria de dar e receber amor radical. Em vez de agir no piloto automático, somos mais capazes de estabilizar nossa consciência no momento presente, de estar no aqui e agora, de permanecer enraizados em nossos corpos e responder desse espaço ancorado. Afirmamos que a resposta para um dos nossos medos mais profundos — eu importo? — é *sim*.

Prática: CNV para Iniciantes

Aprender e praticar a CNV é como aprender um novo idioma. Requer prática contínua para se tornar fluente nisso e, mesmo depois de anos falando, você ainda cometerá os erros de um falante não nativo e descobrirá nuances que não havia percebido antes. Digo tudo isso não apenas para incentivá-lo a buscar mais recursos sobre a CNV, mas para enfatizar que o que se segue é uma representação muito básica da CNV, projetada para apresentar seus conceitos fundamentais e para preparar você.

Como processo, a CNV combina quatro componentes — observação, sentimentos, necessidades e pedidos — com duas partes: honestidade e empatia. Os dois objetivos são, primeiro, expressar claramente como "eu sou" sem culpar ou criticar os outros — em outras palavras, ser honesto sobre seu estado de ser sem procurar nos outros a responsabilidade por isso. E, segundo, receber com empatia como "você é" sem ouvir culpa ou crítica — em outras palavras, ouvir a expressão de outra pessoa de seu estado de ser sem tomar isso como um ataque pessoal.

Os Quatro Componentes

1. **Observação:** é aqui que você pode treinar sua observação sem julgamentos. Na CNV, observação significa tomar conhecimento de ações concretas e do ambiente ao nosso redor sem interpretação ou julgamento. Por exemplo, "Notei que quando você se sentou à nossa mesa, disse olá para todos, menos para mim" é uma observação neutra de uma ação, em oposição a "Quando você veio até a mesa, me ignorou e fez questão de cumprimentar todos os outros".

2. **Sentimentos:** O que observamos provavelmente provocará um sentimento dentro de nós. Aqui, queremos identificar o sentimento enquanto o separamos de nossos pensamentos. É nessa etapa que praticamos nossa habilidade de *largar a história* e *lidar com o sentimento*. Por exemplo, pode dizer: "Quando vi que você disse olá para todos, menos para mim, me senti envergonhado e magoado", em vez de: "Quando você entrou e me ignorou, deixou claro que não se importa comigo". Em vez de interpretar a ação da outra pessoa e fazer suposições sobre sua vida interior, você permanece focado na experiência e sensações da sua própria vida.
3. **Necessidades:** Na CNV, os sentimentos são o resultado de uma necessidade atendida ou não. Nosso sentimento pode estar relacionado a uma ação (não ser saudado), mas não é causado por ela — surge da necessidade (no caso, a que não foi atendida). Portanto, precisamos nos concentrar no que o sentimento sinaliza — identificar qual necessidade não está sendo atendida. É muito importante separar as necessidades das estratégias. "Preciso que você me reconheça" é, na verdade, uma estratégia. Sempre que incluímos uma pessoa, lugar, local, hora ou objeto na identificação de uma necessidade, o que estamos descrevendo é uma estratégia. Em vez disso, tente se concentrar na linguagem que descreve as necessidades humanas universais. O sentimento de vergonha por não ser cumprimentado pode sinalizar uma necessidade não atendida de respeito. O sentimento de mágoa pode sinalizar uma necessidade não atendida

de reconhecimento mútuo, por saber que você é importante para essa pessoa tanto quanto ela é importante para você. Quando você se concentra em suas necessidades de verdade, está melhor equipado para fazer pedidos significativos e menos propenso a se apegar a somente uma estratégia.

4. **Pedidos:** depois de identificarmos nossa necessidade, geralmente temos algumas estratégias em mente para atendê-la. Um pedido é quando pedimos a alguém para cooperar conosco na execução da estratégia. É diferente de uma demanda — em que há um "deve" implícito: "Você deve fazer isso para que eu sinta aquilo". Uma forma de verificar se está pedindo ou exigindo é perguntar a si mesmo se está disposto a ouvir "Não". Caso contrário, seu "pedido" provavelmente é uma demanda. As solicitações devem ser respeitosas, claras e factíveis. A melhor maneira de conseguir isso é que eles sejam específicos, mensuráveis e identifiquem sua necessidade. Concentre-se na linguagem positiva — expressando o que gostaria que alguém fizesse, em vez de expressar aquilo que não quer que façam. No cenário desse jantar, você pode dizer algo como: "Eu agradeceria se me cumprimentasse quando se juntar ao grupo. É importante para mim ser reconhecido como parte do nosso círculo de amigos, e acho que isso evitaria mal-entendidos entre nós".

Uma "folha de cola" do modelo CNV (digo, você poderia literalmente anotar isso e guardar no celular) pode ser assim:

Quando vejo ____________________,

Sinto ____________________.

Porque minha necessidade de ____________________ está/não está sendo atendida.

Será que você poderia ____________________?

É possível inverter esse modelo para se conectar empaticamente com outra pessoa, tentando descobrir seus sentimentos e necessidades. Assim como discutimos em nossa prática de validação emocional, comunicar a outra pessoa que você entende seus sentimentos e necessidades não significa concordar em agir de uma maneira que não atenda às suas próprias necessidades. Em vez disso, está validando que essa pessoa é importante e expressando o desejo de encontrar uma estratégia que funcione para vocês dois. Para isso, inverta as quatro afirmações anteriores e transforme-as em perguntas, conforme necessário, tendo em mente que a outra pessoa é a autoridade máxima em sua experiência:

Quando você vê ________________

Sente-se ________________?

Porque sua necessidade de ________________ está/não está sendo atendida?

Você gostaria de ________________?

Restaurando a Bondade

Como mencionamos, parte da beleza da CNV é como ela nos liberta do nosso hábito de descobrir quem está errado, quem tem um problema, quem deve sofrer e quantas outras pessoas devem sofrer. Essas estratégias são a essência de uma mentalidade punitiva, uma visão de mundo baseada na premissa de que comportamentos indesejáveis só podem ser prevenidos ou corrigidos por meio da punição. Através dessa lente, quando uma pessoa comete um erro (ou um erro percebido), é obrigada a sofrer em resposta do que fez; o foco é punir sua "maldade" em vez de restaurar sua bondade.

A mentalidade punitiva está profundamente enraizada em todas as nossas psiques — porque é o próprio ar que respiramos. É a base do sistema judicial americano. Nos EUA, há muitos estados onde há mais pessoas encarceradas do que vivendo em campi universitários, e gastamos mais com encarceramento do que com educação pública. A pena de morte é legal em 27 estados. O pensamento punitivo está embutido no DNA da nossa sociedade — e emerge desse mesmo erro de percepção que nos leva a definir nosso ser mediante nossos comportamentos e ações. *Também* identificamos os comportamentos dos *outros* como indistintos de quem eles são como pessoa. Uma pessoa que faz algo ruim é "uma pessoa ruim". Só pode haver a possibilidade de que um dia possa ser digna de conexão, amizade e respeito novamente se ela "pagar pelo que fez".

É assim que os relacionamentos desmoronam. É assim que permanecemos isolados, porque estamos "certos" e eles estão "errados"; somos "bons" e eles são "maus". Portanto, desmantelar a mentalidade punitiva interna, especialmente quando se trata de resolver conflitos, é fundamental para praticar a conexão autêntica. Pense em uma vez em que você foi punido por um erro que cometeu em um relacionamento. Pergunte a si mesmo — isso restaurou sua bondade? Transformou o relacionamento para melhor ou você ficou magoado e ressentido?

Talvez agora você esteja pensando: "Isso não se aplica a mim, pode pular essa parte. Não gosto de ver outras pessoas sofrendo por seus 'pecados'". Desculpe, mana — quase todos nós temos um "justiceiro interno". Talvez você não esteja buscando ativamente punir, mas isso não a isenta de estar em um comportamento punitivo. Quando foi a última vez que deu um gelo em alguém? Quando foi a última vez que reteve afeto? Em nossas vidas íntimas, punir muitas vezes pode ser desencadeado por ciúmes ou insegurança. Nesses contextos, a punição pode ser sutil, como agir de forma distante em relação ao seu amigo ou parceiro quando ele se atrasa para o almoço. Lá, esperando por eles, você pode acabar sentindo que ele não valoriza seu tempo — ou, pior ainda, não valoriza você. Quando ele enfim chega, recebe um tratamento intencional de interação mínima da sua parte. Essa escolha de ser distante e frio, de se conectar minimamente, é a punição porque você acha que ele "errou". Muitos conflitos em um relacionamento estão enraizados no pensamento punitivo.

Quando você está atento ao seu "justiceiro interior", percebe que a consciência punitiva sangra de maneiras sutis em nossas palavras, ações, pensamentos e sentimentos. Pode ser que você não seja alguém que pune os outros externamente, mas desejar mal aos outros, fantasiar sobre vingança, julgar internamente são expressões de uma mentalidade punitiva e carregam consequências cármicas. Ao se regar as sementes do julgamento, da autojustiça, da superioridade, nutre-se ativamente o carma prejudicial.

Pare de perseguir o dano. Em vez de fazer com que sua vida seja sobre encontrar maneiras de punir as pessoas que o magoaram (ou encontrar maneiras de punir a si mesmo), concentre-se na bondade que está sempre lá — a sua, a de outras pessoas e a da comunidade. Essa é a essência de uma abordagem restaurativa do conflito. Quando se está aberto a essa maneira de pensar, se reforça a capacidade de separar o comportamento de uma pessoa de quem a pessoa é no âmago de seu ser. Quando você se lembra de sua bondade e da bondade dos outros, as vozes baseadas no medo e no julgamento se acalmam. Esse é o caminho da libertação. Você é guiado por sua própria bondade e atraído pela bondade dos outros.

Quando alguém comete um erro (real ou percebido), não precisamos causar mais danos infligindo dor. Em vez disso, precisamos confiar em nossa fé no carma. Abra mão do seu controle sobre os resultados. Aceite que nem sempre testemunhará a resolução que desejava. O carma serve a cada um de nós as lições que precisamos aprender e crescer. Em última análise, você é responsável apenas por suas ações; não só é muito assustador ser responsável pelas ações dos outros, como também não é seu papel. Você não é Deus; você não é o carma. Tenha fé inabalável de que o mundo se restaura. Sei que é pedir muito, ainda mais para quem sofreu nas mãos de outras pessoas, mas quando puder liberar o controle que sua raiva, ressentimento e passado exercem em você, poderá encontrar a verdadeira liberdade.

É importante esclarecer que não estou defendendo que você não responsabilize as pessoas por suas ações (o que se faz mantendo e impondo seus próprios limites) ou se torne alegremente alheio às realidades da vida. A responsabilidade pelos danos causados nunca é justificada. Uma abordagem restaurativa não é desculpa para comportamentos violentos, prejudiciais e abusivos. Não estamos falando de ser indiferente à injustiça aqui, mas de se relacionar com a injustiça a partir de um lugar de bondade.

Quando testemunhamos coisas erradas, presencialmente ou à distância, nossa tendência é identificar um agente e imaginar como ele deve ser punido por causar danos. *Mas nosso desejo de punir não muda a situação.* Tudo o que faz é gerar pensamentos destrutivos. Os pensamentos que você cultiva e sua capacidade — ou falta de capacidade — de perceber a bondade nos outros são essenciais para sua libertação. Quando você vê pessoas cometendo erros, seu impulso cármico gira em torno da sua resposta. É possível interromper os padrões de pensamento punitivo dizendo a si mesmo: "Ok, vejo que essa pessoa está fazendo algo que acredito estar errado. E acredito que ela precisa assumir a responsabilidade. *E* não vou deixar que o comportamento dela ofusque meu conhecimento de que, apesar de estar atualmente perdida na sopa do caos, em sua essência, ela é um ser benevolente".

Você pode estar pensando: "Então está me dizendo para não fazer nada quando vejo algo errado?" Não, de jeito nenhum. Espero que você seja útil e tome medidas reais. O que quero é que você use toda a energia aplicada em julgar e punir e faça algo real *para restaurar a bondade*: use sua plataforma para compartilhar recursos antirracismo significativos; defenda sobreviventes de abuso doméstico; doe para organizações de saúde mental — há infinitas possibilidades quando se trata de ajudar. Use seu tempo para aprender sobre as origens das desigualdades em sua comunidade e identificar as habilidades que tem para o combate e a reparação das situações geradoras de injustiça.

Porque, em certo sentido, a parte mais perigosa de uma mentalidade punitiva é como ela *nos* isenta de nossa responsabilidade de criar as condições de libertação não apenas para nós mesmos, mas para os outros. Uma mentalidade punitiva desencoraja a autoconsciência. Encoraja-nos a apontar o dedo, a reforçar a ilusão do distanciamento, a manter-nos encarcerados na prisão do nosso condicionamento. Uma mentalidade restauradora nos leva de volta à autoconsciência, a uma orientação para a libertação.

Quando se trata de *como* responsabilizar as pessoas por suas ações prejudiciais sem perpetuar mais danos, a verdade é que não tenho a resposta perfeita. Não acho que *haja* uma solução certa. O que eu sei é que nosso sistema atual não está funcionando. Na verdade, o encarceramento não nos mantém seguros. Isso não impede que as pessoas cometam crimes ou reincidam. Em vez disso, traumatiza e retraumatiza os presos, sem alterar os fatores ou o ambiente que possibilitaram seus comportamentos destrutivos. As pessoas dentro de nossas prisões geralmente vêm de comunidades que carregam histórias de profunda dor e trauma. Temos que encontrar outras maneiras de responsabilizar as pessoas — e de evitar o dano. A liberdade é relacional — não somos livres até que todos sejamos. Armazenar humanos em celas, isolá-los, tirá-los de vista, não é capaz de cortar os fios que nos conectam dentro de nossa tapeçaria espiritual coletiva.

O que eu sei é o seguinte: quando abraçamos uma mudança de coração, mesmo em relação àqueles que nos feriram, o caminho para a próxima ação correta fica claro. Ela surge por meio da presença e do perdão, ecoando a verdade de que nossa capacidade de mudança e cura não conhece limites.

Fale do Clima, Não Seja o Clima

A CNV é uma bela base para praticar a autoconsciência em conflitos. Quando estamos em conflito, quando discutimos, muitas vezes não estamos cientes de nossas respostas, da razão da briga. Ao conscientizar sobre o que realmente está acontecendo — *por que* estamos brigando — podemos mudar a *forma como* brigamos e nos comunicar *conscientemente*. Temos o poder de fazer uma pausa e, à medida que ganhamos consciência de como operamos, podemos compartilhar essa consciência trazendo a outra pessoa para o nosso processo. Essa técnica de trazer outra pessoa para o seu processo é o que Rachel Pringle, minha querida amiga e coach de intimidade, chama de "Comunicação Consciente".[4]

Como a CNV, a Comunicação Consciente é uma maneira libertadora de se comunicar, que acaba com a abordagem "vencedor/perdedor" do conflito. A comunicação consciente permite que se diga qualquer coisa, com amor e sem culpa, por mais assustador que seja. O método de Rachel para aprofundar a intimidade emocional e a conexão em todos os relacionamentos dialoga comigo de uma forma poderosa, em parte porque existe firmemente no reino da terceira verdade. A Comunicação Consciente parte da premissa de que o que estamos vivenciando em determinado momento não representa a totalidade de nossa experiência. Como nos sentimos no momento não é a única maneira de sentir. O que estamos pensando representa apenas uma percepção da realidade. Em outras palavras, a maneira como se sente quando se está em uma discussão com alguém agora não é toda a verdade de quem se é, assim como os pensamentos que povoam sua mente após sentir uma emoção intensa não são toda a verdade de quem se é.

Na Comunicação Consciente, usamos nosso "vocabulário de partes" e nossa honestidade radical para literalmente verbalizar para nós mesmos e para a outra pessoa que apenas *uma parte* de nós (não o todo) se sente zangada, magoada, chateada etc. Em vez de recorrer à totalização de nossos sentimentos — "Eu te odeio" — dizemos: "Quando você age dessa maneira, *uma parte* de mim se sente assim. Quando sinto isso, esses são os tipos de pensamentos que passam pela minha cabeça". Rejeitar sentimentos como totalizantes é transformador para ambas as partes, pois deixa espaço para o "e". "Estou com raiva *e* amo você." "Estou triste *e* quero estar perto."

Para fazer isso, temos que estar dispostos a olhar para nós mesmos em partes e ser honestos sobre essas partes. Não podemos ter medo de dizer: "Ei, quando você fez isso, senti minha ferida de abandono doer. E uma parte de mim passou por pensamentos realmente perturbadores e sentimentos desafiadores. E isso leva uma parte de mim a querer dizer isso, isso e isso, e tal coisa me leva a querer fazer isso, isso e isso".

Gosto de pensar nessa habilidade como nossa capacidade de falar do clima, lembrando que não o somos. Falar do clima, não *ser* o clima. É como ser capaz de dizer: "Quando isso acontece, há uma tempestade dentro de mim. Está chovendo muito, com granizo, e está frio, tudo de uma vez. É um furacão". Há espaço para observar e compartilhar o que está acontecendo dentro de você no momento sem confundir o acontecimento com a verdade do seu ser.

Vejamos um exemplo. Minha aluna Maya tinha um relacionamento muito difícil com a mãe, não falava com ela há mais de uma década, porque não conseguia tolerar o julgamento da mãe sobre sua vida e suas escolhas. Maya é lésbica, trabalha como pintora e, durante anos, foi voluntária em uma penitenciária feminina. Para a mãe de Maya, sua identidade sexual, seu trabalho e sua relutância em considerar os infratores como criminosos irredimíveis não eram apenas desagradáveis, mas praticamente imorais.

Quando elas *estavam* conversando, a mãe insinuava constantemente que seu relacionamento com sua namorada (agora esposa) era só uma fase e que, mais tarde, ela conheceria o homem "certo" e voltaria ao caloroso abraço da heterossexualidade. Ela desmerecia seu trabalho, insistindo que Maya nunca seria capaz de se sustentar, apesar do fato gritante de que ela já se sustentava. E menosprezava as mulheres da prisão onde Maya fazia voluntariado, enfatizando que elas não estariam lá se não tivessem feito algo errado.

Maya lidava com isso evitando todas as reuniões familiares, bloqueando a mãe nas redes sociais e se comunicando com os irmãos apenas quando necessário. Depois de cerca de dez anos, sua irmã a avisou que a mãe estava doente. Ela escrevera uma carta para Maya, e sua irmã perguntou se ela poderia entregá-la. Basicamente, a carta dizia: "Não sei quanto tempo mais tenho de vida. Quero você de volta nela. Eu te amo. Por favor, me perdoe! Eu sinto muito". Maya se viu dividida, e se perguntou: "Devo deixá-la entrar na minha vida de novo? Será que vale o meu tempo?"

No passado, sempre que Maya e sua mãe se viam, era doloroso e difícil. Ela sempre encerrava esse contato com raiva, e quando se sentia zangada com a mãe, os mesmos pensamentos sempre vinham à tona: "Eu te odeio; nunca mais quero falar com você; você é a pior mãe do mundo; todos os meus problemas são por sua causa". Ela culpava a mãe por tudo de difícil em sua vida, se tornou vítima da mãe em sua narrativa, na espiral de seus pensamentos: "Minha vida é uma merda por sua causa. Eu sofri para encontrar o amor porque você nunca me deu o amor que eu precisava. Eu nunca soube como criar segurança para mim mesma, porque você nunca me fez sentir segura. Tudo o que te devo é a dor que você me causou". Então, ela reagia às histórias com comportamentos autodestrutivos, como beber e comer em excesso. Maya estava perdida no caldeirão culpa-vítima-justiceiro, adicionando dor ao que já era doloroso.

Nos anos seguintes, Maya se esforçou para aceitar o vocabulário das partes. Ela decidiu falar com a mãe e abordar a dinâmica das duas usando as ferramentas da Comunicação Consciente. Quando a visitou, explicou: "Mãe, quando você me diz que não aprova como eu vivo minha vida, uma parte de mim fica com raiva. Quando essa parte de mim fica com raiva, acredito que não me ama. Acho que você sente nojo de mim, e quando tenho esses pensamentos, reajo te afastando, e quando te afasto, me autodestruo bebendo e comendo demais".

É preciso força, coragem e vulnerabilidade para dizer isso. Mas quando Maya enfim falou com esse nível de intimidade, sua mãe começou a chorar e finalmente entendeu o processo da filha e o nível de dor que isso causou. Sua mãe se desculpou com sinceridade, explicando que nunca soube que suas declarações impactavam tanto a filha. Maya sempre se fechava e saía, então, ela achava que a filha não era afetada pelo que ouvia, então levava isso para lugares ainda mais dolorosos cada vez que brigavam, procurando algum tipo de *reação*, alguma confirmação de que ela *importava* para Maya.

Embora procurasse da maneira errada, a mãe de Maya queria conexão. Muitos de nós tivemos infâncias em que nossos pais foram egocêntricos e emocionalmente reativos. Confundimos sua reatividade com amor para nos sentirmos seguros, para pertencermos à nossa família. Quando se cresce em uma casa onde o caos é o padrão, a calma parece estranha e errada. Na idade adulta, atacamos e criamos drama para receber a atenção que agora interpretamos erroneamente como amor. Buscamos uma reação porque qualquer reação afirma que somos dignos de atenção. Faz parte do grande desaprendizado que devemos fazer como adultos. O amor não pede que você se apresente e crie drama para merecê-lo. O amor está disponível. Mas é claro que não foi isso que a maioria de nós aprendeu quando criança. Em vez disso, aprendemos que era escasso.

Quando Maya conseguiu trazer a mãe para dentro do seu processo, de seus sentimentos, pensamentos e reações, o nível de intimidade criado imediatamente começou a dissolver as paredes que cada uma havia construído ao redor do coração. Ao modelar a Comunicação Consciente, Maya também convidou a mãe a mergulhar fundo em sua mecânica, abençoando as duas com uma nova perspectiva e compreensão uma da outra. O que é tão radical nessa abordagem é que ela pede às pessoas que se comunicam que considerem o trauma umas das outras. Incentiva a comunicação guiada pelo coração, leva a um esforço para trazer a compaixão e a empatia de volta à conversa para uma compreensão holística de quem está falando, para que a verdadeira escuta possa ocorrer. Permite a escuta de toda a pessoa e a compreensão de toda a pessoa. Não ouvimos apenas palavras e procuramos como vencer a discussão, ouvimos a pessoa inteira com amor. Mesmo quando alguém diz algo ofensivo, a Comunicação Consciente desafia a levar em conta que pessoas feridas ferem pessoas.

A beleza deste trabalho é que ele não apenas evolui seus relacionamentos e leva sua comunicação a níveis mais profundos de confiança, mas também ensina sobre seus próprios padrões. Quando você tem a coragem de ir até seu amigo e dizer: "Posso falar com você por um segundo?" e depois diz: "Essas são as coisas que surgem para mim quando..." a partir de um espaço de vulnerabilidade e conexão sagrada, a transformação acontece. É a partir deste lugar que se aprende de verdade sobre si mesmo e como ser um amigo melhor. Toda vez que trouxer uma pausa para a conexão, uma respiração profunda, estará fazendo consequências benéficas acontecerem, consequências que você nem imagina serem possíveis.

A Comunicação Consciente é um conjunto de habilidades que pode ser usado em momentos em que a sobrecarga ou o estresse ameaçam assumir o controle e trazer seu eu mais exaltado para qualquer conversa, discussão ou discordância. Nesses momentos, tendemos a perder a calma, agir e falar fora de hora, o que, é claro, leva ao discurso prejudicial, à culpa, à raiva e ao ressentimento. Essas emoções desafiadoras se contraem e restringem nossa visão da realidade. Em vez de permitir que emoções desafiadoras tornem nossa perspectiva polarizada e parcial, temos que usá-las como uma oportunidade de expansão.

Quando nos comunicamos conscientemente, temos a oportunidade de escolher nossas palavras com sabedoria, a fim de cocriar uma realidade que beneficie *todos* os envolvidos. Quando somos capazes de assumir a responsabilidade pelo que está acontecendo dentro de nós, podemos entrar na conversa sem recorrer a culpa ou projeção. "Você faz eu me sentir...!" não existe mais. Um amigo sagrado assume total responsabilidade por seu estado emocional e pelo fato de que ninguém pode nos fazer sentir nada.

Pense desta forma. Imagine um copo de água cristalina com uma camada de sedimentos no fundo. Alguém se aproxima, agita a água, e ela fica turva. Você grita com essa pessoa por "arruinar" sua água, que agora não pode ser bebida. Mas as impurezas estavam lá o tempo todo. Com sentimentos ocorre o mesmo. Podemos gritar com alguém: "Olha o que você fez comigo! Eu me sinto assim por sua causa!", mas as necessidades não atendidas já estavam lá — acontece que só tomamos consciências delas naquele momento. O sedimento no fundo do copo de água é como nosso carma, nossa sombra, nossas necessidades não atendidas, bagagem emocional, mágoas e feridas não curadas. É o nosso condicionamento. Quando estamos no modo de amizade sagrada, damos as boas-vindas à agitação da água.

A Realidade do Luto

Luto? Sim, luto. Meu amor, eu entendo se, mesmo agora, você largar esse livro. Ou talvez você esteja discutindo comigo, gritando com a página: "O que o luto tem a ver com conflito? Por que diabos estamos falando de luto em um capítulo que *achei que fosse* sobre conflito e comunicação?" Quero te perguntar uma coisa: como podemos falar sobre permanecer no fogo sem falar sobre o sentimento mais intolerável de todos — nosso medo da morte? Como podemos falar sobre chegar à consciência de nossas próprias necessidades sem falar sobre a consciência de nossa própria mortalidade? Como podemos falar sobre conexão, sobre não violência e consciência, quando — por medo e desconforto — deixamos de reservar um espaço para aqueles que estão de luto, causando-lhes ainda mais dor? Como podemos falar sobre amizade quando tantos estão perdidos porque não sabemos como encarar a dor um do outro, muito menos a nossa?

Vamos voltar ao início, ao conflito, ou seja, nosso desejo de evitá-lo. Evitar conflitos é uma maneira de evitar um confronto, uma situação em que duas pessoas em desacordo estão ambas buscando atender às suas necessidades. O conflito pode parecer aterrorizante não apenas por causa das emoções intensas que desperta, mas também do que parece estar em jogo: o próprio relacionamento. Nossa cultura nos treinou para acreditar que atender às necessidades de uma pessoa significa perder as da outra. Que, em conflito, há uma pessoa culpada e uma certa. No conflito, tememos ser culpados, maus, perder nossa bondade. Tememos que a forma como a outra pessoa nos vê mude; tememos perder seu amor. Tememos *perdê-los.*

O medo da perda é o fundamento de todos os conflitos. Evitar conflitos está enraizado em nosso medo da perda, e o luto é nossa resposta à perda. Tememos o luto porque enfrentá-lo, aceitá-lo, significa confrontar e aceitar a realidade da perda. Considere o seguinte: talvez, apenas talvez, o conflito fosse menos assustador se tivéssemos menos medo do luto?

Evitar o conflito, a perda, o luto, é, no fim das contas, o que cria nosso sofrimento. Talvez você já tenha ouvido a expressão "A dor é inevitável, o sofrimento, não". Muitas pessoas afirmam que Buda disse isso, e é um princípio do budismo que, embora a dor seja inevitável, o sofrimento é uma escolha. Eu trago isso à tona em parte por causa do que Buda *disse* sobre o sofrimento: a vida consiste dele. Isso *não* significa que seja apenas sofrimento, ou que não haja prazer e alegria nela — de forma alguma. Significa que nossas vidas, antes da libertação, são definidas pelo sofrimento, porque são definidas por nossa escolha constante de resistir à realidade — resistir à impermanência e rejeitar a dor. Depois de entender isso, fica claro como até o prazer e a alegria estão relacionados ao sofrimento. Estamos sempre tentando desesperadamente nos agarrar às pessoas e coisas que amamos, aquilo que nos traz prazer e alegria. Fazemos isso porque queremos manter as pessoas e as coisas que amamos como elas são, para sempre, o que não é possível. Agarramo-nos tenazmente ao que não pode ser agarrado. Nada permanece igual para sempre! Quando nos agarramos e nos recusamos a aceitar a impermanência, o sofrimento *é* inevitável.

A verdade é que tudo é impermanente. Este momento, agora mesmo, com toda a sua beleza e tristeza, não voltará — mas outro momento diferente virá. O tempo está sempre se desenrolando, e sua passagem inevitavelmente gera mudanças. A mudança é a outra face da perda. Muitas vezes, quando falamos de luto, falamos apenas em relação à perda de alguém ou algo significativo para nós: um ente querido, um casamento, uma amizade, um emprego, um sonho. Porém, com a perda sempre vem a mudança, e ela gera seu próprio tipo de perda: a perda da pessoa que fomos, de como uma vez entendemos a vida, de crenças ou valores inquestionáveis, de segurança, do que imaginávamos que nossas vidas seriam. Perdas como essas podem ser tão desestabilizadoras que nos fazem questionar a própria realidade. Mas esses tipos de perdas, que também sofremos, também trazem consigo uma possibilidade: uma nova maneira de nos ver, uma nova orientação para a vida, uma nova maneira de ser. A mudança contém em si a força da própria vida.

O mesmo vale para o luto. Se nos permitirmos sentir a dor, se a deixarmos entrar em vez de resistirmos, nos abriremos à vida. No luto, somos orientados para o que nos é significativo. Sofremos porque amamos. Não há dor na perda se o que perdemos não importa para nós. Chegar a um acordo com a impermanência é entender o valor e as limitações do nosso tempo e ser proativos sobre como escolhemos gastá-lo e com quem. Mas, francamente: e se nos recusarmos a aceitar isso? Estaremos em constante sofrimento. Quando negligenciamos nossa dor e nos recusamos a recebê-la, a dor que sentimos não tem como passar. Fica armazenada em nosso interior, um desconforto sempre presente que nos mantém tensos, encolhidos, zangados e profundamente infelizes.

O luto é diferente do sofrimento, porque quando sofremos, reconhecemos que quem ou o que amamos se foi — reconhecemos o próprio amor. E estamos em contato com a impermanência. Quando nos permitimos sentir a dor do luto, também nos permitimos sentir a força e o poder do nosso amor. Se puder reconhecer que o luto é sobre o que você ama e sente falta, o que poderia perder, e se deixar perder e amar, apreciá-lo, então você está em um relacionamento muito mais honesto com a vida. Não podemos impedir que a perda ou a dor aconteçam. As pessoas que amamos morrerão. O que está ao nosso alcance é como lidar com essa dor. Como David Kessler e Louise Hay, especialistas em luto, afirmaram: "Um coração partido também é um coração aberto".[5]

O luto é a condição de ser humano. Seja amigo dele. Aceitar o luto e a impermanência da vida transforma um coração partido em um coração aberto, permitindo-nos ver a beleza em meio à tristeza. Não há experiência real de presença que não esteja entremeada no luto. Quando estamos profundamente presentes, temos consciência do fato de que tudo está sempre mudando, sempre em movimento, em total impermanência. Além disso, somente estamos alertas para a beleza do mundo quando estamos profundamente presentes. O luto é um paradoxo.

O mais profundo dos paradoxos, porém, é que não podemos aceitar verdadeiramente nossas próprias vidas se trabalharmos duro para evitar pensar em nossa própria mortalidade. Aceitar o luto e a impermanência não significa apenas aceitar que *outras* pessoas morrerão. Significa aceitar que *você* vai morrer. Eu sei, meu bem; para muitos de nós, o medo de confrontar isso, do desconhecido, do apagamento do eu — vai além do intolerável. Infelizmente, a dura verdade é que suprimir ativamente os pensamentos sobre nossa própria morte apenas aumenta nossa ansiedade sobre o tema. Nossa cultura não ajuda. Não só a maioria de nós está muito distante da experiência da morte, que se tornou amplamente medicalizada e removida de casa, mas vivemos em uma era obcecada com a negação do envelhecimento. A busca da juventude — ou pelo menos da aparência jovem — é apresentada como um ato de (falso) amor-próprio. Cá estamos nós, mais uma vez nos agarrando a algo.

Mas se pudermos aprender a estar com nosso medo, ele pode se tornar a estrela-guia para uma melhor compreensão de nossas necessidades mais profundas? *Queremos tanto viver, mas por quê? O que realmente importa para nós? Como priorizar essas coisas?* Se aprendermos a estar com nosso medo, ele pode se tornar nosso professor? Não é preciso esperar perder alguém ou vivenciar uma perda devastadora para aprender as lições que o luto tem a nos oferecer, principalmente a mais fundamental — precisamos uns dos outros. Aceitar a inevitabilidade de nossas próprias mortes em primeiro lugar, trabalhando para diminuir nossa própria ansiedade quanto a isso, é uma das maneiras mais profundas de encontrar e acolher o luto alheio.

As pessoas que estão de luto precisam que sua dor seja afirmada, reconhecida — não varrida para debaixo do tapete com banalidades projetadas para aliviar nosso próprio desconforto. Quando não temos medo, conseguimos reservar espaço para a dor e o sofrimento delas. Ao reservar o espaço para o luto, fazemos o mesmo para o amor. Afirmamos e reconhecemos que o ente querido que perderam é importante. E elas também.

Prática: Meditação Maranasati ou Consciência da Morte

Nas palavras de Thich Nhat Hanh: "Graças à impermanência, tudo é possível. A própria vida é possível. Se um grão de milho não é impermanente, ele nunca pode ser transformado em um pé de milho. Se o pé de milho não fosse impermanente, nunca poderia nos fornecer a espiga de milho que comemos. Se sua filha não é impermanente, não pode crescer e se tornar uma mulher. Então seus netos nunca existiriam. Então, em vez de reclamar da impermanência, devemos dizer: 'Boas-vindas calorosas e vida longa à impermanência'. Devemos ficar felizes. Quando pudermos enxergar o milagre da impermanência, nossa tristeza e sofrimento passarão".[6]

Pensei nessa passagem quando meu professor, o Venerável Tenzin Chogkyi, me disse que, em seus encontros com pessoas no final da vida, um dos maiores pontos em comum era um sentimento de arrependimento e a dificuldade para apaziguá-lo. Quase sempre, os maiores arrependimentos das pessoas eram não passar mais tempo com seus filhos, amigos, famílias. Ou se arrependiam de não terem buscado amor e conexão o suficiente. Ninguém nunca disse: "Lamento não ter passado mais horas trabalhando no escritório".

Maranasati é a prática budista de "consciência da morte", uma forma de meditação destinada a aprofundar nossa apreciação da impermanência e reduzir o sofrimento do apego, ou de nos ajudar a evitar uma percepção no leito de morte — seguida por um profundo arrependimento — de que desperdiçamos nossa vida buscando gratificação fugaz em vez de conexão duradoura.

A consciência da morte vem em muitas formas, algumas mais pesadas (e mórbidas) do que outras. Pode-se começar a praticá-la simplesmente sintonizando sua atenção aos finais que testemunhamos na vida cotidiana: a grama seca nas colinas ao final de outro verão quente, as cascas de cenoura escurecendo e frutas mofadas se decompondo na composteira, o osso fino e branqueado de algum animalzinho desconhecido que encontrou em sua última caminhada. Momentos como esses são *memento mori* orgânicos, sinalizando a impermanência universal de toda a vida.

Uma meditação maranasati mais clássica — e um pouco mais avançada — reflete sobre "As Nove Contemplações da Morte", de Atiśa, grande estudioso e professor budista do século XI. As três primeiras contemplações se concentram na inevitabilidade da morte; as três seguintes na incerteza de quando ela chegará; e as três finais no fato de que nada pode salvá-lo quando ela chegar. Eu sei, é pesado, mas a ideia é *conhecer verdadeiramente* em seus ossos, sangue e medula a preciosidade da vida e entender que ela se faz preciosa pela morte.

Leia as contemplações quantas vezes quiser. Em seguida, sente-se confortavelmente, feche os olhos, respire fundo algumas vezes para relaxar o corpo e a mente e reflita sobre elas, permitindo que seus sentimentos e pensamentos surjam sem julgamento.

As Nove Contemplações da Morte

1. A morte é inevitável; todos morreremos mais cedo ou mais tarde.
2. Nosso tempo de vida diminui continuamente.
3. A morte virá, quer você esteja ou não preparado para ela.
4. Nenhum de nós sabe quanto tempo viveremos; a morte pode vir a qualquer momento.
5. A morte vem por muitas causas.
6. O corpo humano é frágil.
7. Quando a morte chega, nossos pertences não têm utilidade para nós.
8. Nossos entes queridos não podem nos impedir de morrer.
9. Seu corpo não pode ajudá-lo no momento da morte.

Capítulo 6

Escondido à Vista de Todos

Em meu primeiro retiro na Índia, conheci uma incrível monja budista canadense, a Venerável Joan Nicell, com quem ainda mantenho contato. Ela se dirigiu à multidão com a mais calorosa compaixão no rosto, bondade e amor vertiam de seus olhos. Senti essas duas emoções de forma muito vívida, como se ela atravessasse a multidão e segurasse meu rosto em suas mãos quentes e gentis enquanto dizia: "Você não está quebrado. Não há nada de errado com você. Somos todos naturalmente bons. Todos nós temos bondade básica dentro de nós".

Ouvindo-a falar, chorei. Suas palavras me atingiram como um raio. Na época, o conceito de nossa bondade inata estava *muito* afastado de mim e agora me colocava nessa jornada. Até então, sentia que havia algo inerentemente errado comigo. Passei muito tempo da minha vida me sentindo deficiente, naturalmente mau, como se estivesse irremediavelmente quebrado por causa da minha estranheza. Sentia que merecia tudo de terrível que acontecera comigo e que não merecia nada melhor.

Os erros que cometi e os danos que causei aos outros eram tanto a evidência quanto a confirmação de que eu era profundamente falho. Essa sensação de estar fundamentalmente danificado me impedia de fazer conexões autênticas — como poderia permitir que alguém visse meu eu "real"? — e também me algemava ao meu sofrimento. Sabe todos esses sentimentos que me levavam a me esconder, que me obrigavam a anestesiar minha dor com drogas e álcool? Todos se resumiram à mesma coisa: vergonha.

A vergonha é uma das emoções humanas mais básicas, mas também das mais complexas e prejudiciais. É literalmente uma emoção *autoconsciente*, uma percepção de nós mesmos como inadequados e não merecedores de amor, de pertencimento, de aceitação. Considero a vergonha uma das nossas emoções mais básicas, não só porque é quase universal aos humanos, mas também porque é fundamental, um dos blocos de construção básicos da autoconsciência, decorrente de um erro fundamental na percepção. Recebemos as instruções erradas, interpretamos mal a nossa planta: a maioria de nós passa batido pela parte que diz que, no âmago do nosso ser, somos essencialmente bons. E quando não sabemos que somos fundamentalmente bons, confundimos nosso eu mais profundo, nosso coração, nossa essência, nosso ser. Acreditamos, em vez disso, que fundamentalmente *não somos bons*, ou seja, somos maus. Que as coisas ruins que nos acontecem e as coisas ruins que fazemos não são ações, mas *identidade*: confirmação de quem sabemos que somos, no fundo. É o viés de confirmação por excelência.

Repetidas vezes, minhas experiências como professor, como aluno — simplesmente como uma pessoa no mundo, tentando o meu melhor, mas tropeçando às vezes, assim como todos os outros — me mostraram que a ferida principal para a maioria das pessoas é esse sentimento fundamental de vergonha. Pode ser algo sutil, mas depois, ao ouvir as histórias das pessoas, sua dor, seus dramas, você descobrirá que é o fio da vergonha que costura tudo isso, embora estar ciente disso ou ter qualquer noção sobre não seja uma certeza. Por baixo de todos os nossos problemas está esse fio extremamente sutil. Sabe o que acontece quando não achamos que somos bons? Punimos a nós mesmos, e fazemos isso agradando as pessoas, trabalhando demais, permanecendo em nossas histórias por muito tempo, criando profecias autorrealizáveis, vícios e sofrimento — perseguindo essa confirmação. E sabe o que é ainda mais perverso? Essas punições também são uma forma de alívio, tornando possível nos escondermos de nós mesmos e dos outros, para que nunca tenhamos que arriscar entrar efetivamente em contato com essa vergonha.

Quando vivemos em um estado contínuo de vergonha, não há esperança de amizade sagrada. O amor e a compaixão que oferecemos aos outros são vazios porque ainda acreditamos que as pessoas podem ser naturalmente más. Não importa quanto esforço façamos para desaprender os comportamentos venenosos em torno de como nos relacionamos com os outros, não importa quanto tempo permaneçamos no fogo, não importa nossa aparente aceitação da impermanência, em última análise, não podemos nos conectar de forma autêntica e profunda com os outros se a conexão com nós mesmos não existir. A vergonha é o maior obstáculo à conexão.

A única maneira de afrouxar o controle da vergonha sobre nós é roubar seu poder, torná-la menos ameaçadora. Para fazer isso, temos que desmantelá-la, reconhecê-la como um equívoco da realidade. Isso começa entendendo como a vergonha se reproduz e os danos que cria, pois nos faz nos escondermos dos outros, mas também de nós mesmos. Quando entendemos como a vergonha funciona no relacionamento, fica claro que algumas de nossas estratégias de conexão são, na verdade, mecanismos para lidar com a vergonha. Sabendo disso, podemos começar a abraçar a vulnerabilidade como o antídoto para a vergonha, desde que nos apeguemos à distinção entre despejo de trauma e ser intencionalmente vulnerável. Praticar a vulnerabilidade leva à aceitação, o que cria espaço para a transfiguração — a transformação e santificação do significado que, por fim, não apenas nos concede permissão para parar de buscar a confirmação de nosso quebrantamento, mas também permite que a sabedoria e os milagres surjam.

Escondida à Vista de Todos

A vergonha fundamental gerada pela nossa separação da nossa bondade está sempre presente, pulsando no fundo. Às vezes, porém, surge com mais ou menos força (e mais ou menos autoconsciência) no dia a dia, desencadeada por pensamentos e julgamentos internos que ocorrem quando não conseguimos atender às nossas próprias expectativas, padrões ou ideias sobre quem deveríamos ser. Claro, essas ideias não aparecem do nada; são mensagens internalizadas sobre o que significa ser aceitável, ser amável, ser digno de pertencer. Recebemos essas mensagens de nossa educação e ambiente — embora raramente, ou nunca, seja algo como "Você é digno assim como é", porque essas mensagens estão, é claro, enraizadas no mesmo mal-entendido da nossa natureza básica.

Desde nossos primeiros momentos, a família e a cultura nos transmitem isso. Começamos a absorver mensagens sobre o que significa ser uma pessoa merecedora de amor e pertencimento sem sequer perceber. Parte disso aprendemos explicitamente: dos valores expressos de nossas famílias, das regras e expectativas dos códigos e normas sociais, da ideologia e moralidade da religião, dos sistemas econômicos aos quais estamos presos (acho que vale a pena enfatizar aqui que uma sociedade como a nossa, que trata as pessoas como mercadorias transacionais, gera vergonha de forma ativa). E algumas delas aprendemos com a modelagem — não por algo professado ou dito por pessoas e instituições, mas pelo que praticam, o que fazem, inclusive *quando retêm* amor ou pertencimento.

Se crescemos com pais cujo amor é condicional, que não nos aceitam como somos, internalizamos a mensagem de que não somos adequados e que o único caminho para o amor é atender a certas condições. Talvez isso signifique reprimir sentimentos, esperanças ou sonhos, ou ser um atleta, um aluno nota 10, um músico obstinado. Talvez signifique seguir uma determinada carreira. Essas mensagens internalizadas se tornam a lente através da qual vemos o mundo.

A vergonha parental também é contagiosa: se crescemos com pais que vivenciam muita vergonha — pela situação financeira, por serem imigrantes, pela aparência, por segredos familiares, enfim, por qualquer coisa entre milhões delas — também aprendemos a nos envergonhar desses aspectos de nós mesmos ou do potencial para eles. Quando se trata de vergonha, nosso amigo, o trauma, é o maioral. Se crescemos em lares emocionalmente ou fisicamente abusivos, é fácil internalizar a crença de que há algo errado *conosco*. Para uma criança, cujos pais — por mais medrosos que sejam — são o centro de seu mundo e o *locus* de seu amor, que outra razão poderia haver para a dor que infligem? Por que esses seres oniscientes e divinos nos machucariam a menos que merecêssemos? E enquanto o trauma geralmente começa em casa, o mundo em geral o distribui sem hesitação para quem "falha" em cumprir suas normas, quem está fora das estruturas de poder, sejamos nós pobres, queer, trans, negros, pardos, femininos, feminilizados, ou pessoas com a religião e a etnia erradas, dentre outras coisas.

Logo no início, quando vivenciamos pela primeira vez a retração alheia, a rejeição ou o trauma, a "Lógica da Vergonha" nos ensina: "Algo ruim aconteceu comigo, então devo ser mau". A Lógica da Vergonha nos ensina que não há distinção entre o eu e as ações perpetradas nele ou vivenciadas por ele. Embora essa linha de raciocínio seja incrivelmente dolorosa, pelo menos dá sentido ao que não tem. Pode ser mais confuso e até doloroso para nossas mentes tentar processar que algo ruim nos aconteceu "sem motivo" porque confundimos "razão" com "significado". Algo que "não tem razão" é arbitrário. Algo que é arbitrário é aleatório. Mas nossa dor não parece arbitrária ou aleatória; parece profundamente pessoal. A ideia de que experimentamos dor por "nada" é insuportável. Além disso, o estigma (ou seja, a vergonha externa) em torno de certos tipos de trauma também pode nos fazer sentir contaminados, "arruinados" ou permanentemente quebrados: algo ruim aconteceu comigo e agora eu sou ruim. Desta forma e de tantas outras, a vergonha também é um aspecto do condicionamento.

Não importa onde nossa vergonha esteja, parece crucial e desesperadamente importante escondê-la de outras pessoas. Não apenas a "fonte" da vergonha (lembre-se, a fonte final é um erro de percepção), mas a vergonha em si — afinal, a Lógica da Vergonha nos diz que apenas uma pessoa má teria algo para se envergonhar. Segundo a Dra. Wurzman: "A vergonha é um dos tipos mais potentes de dor social que existe". Também serve a um duplo propósito como um sinal da ameaça de desconexão social: "É um reflexo fisiológico real da ameaça de rejeição, de estar afastado de um grupo".[1]

De certa forma, então, a vergonha pode ser uma emoção útil. O potencial de sentir vergonha é um impedimento bastante eficaz para fazer cumprir certas normas sociais, éticas e morais significativas, sabe? Sim, devemos defender todos esses ditames pró-sociais — não machuque os outros, não minta etc. — *porque acreditamos neles*, mas somos apenas humanos. Cometeremos erros e agiremos de maneiras que nem sempre estão de acordo com nossos valores compartilhados. Então, sim, não é uma coisa ruim por si só estar ciente do fato de que transgredir uma norma significativa, fazer algo oposto às nossas ideias acordadas sobre o que é certo e errado, faz com que nos sintamos uns merdas como pessoas. Lembrar-se disso, e escolher não se comportar de determinada maneira porque você não quer se sentir assim, não é algo negativo. *Devemos* estar em contato com o que acreditamos e nos esforçar para viver de acordo. Sendo franco, lembrar a nós mesmos que nos sentiremos mal se não fizermos isso é positivo.

Vergonha também é diferente de culpa. Quando vivenciamos a culpa, vivenciamos a consciência de irregularidades. É "eu fiz algo ruim", não "eu sou ruim". A vergonha é a consciência do *eu* como errado ou mau, uma falha em separar o eu de nossas ações. É "eu sou ruim" em oposição a "eu fiz algo ruim". Ela direciona nosso foco para dentro, onde a culpa nos direciona a nos concentrar nos sentimentos dos outros — um entendimento de que nosso comportamento causou danos. Tanto a vergonha quanto a culpa podem funcionar como nossos próprios sistemas de alarme embutidos, alertando-nos de que não estamos vivendo em integridade com nossos valores, que estamos arriscando nosso pertencimento.

E *devemos* valorizar o pertencimento saudável (ou eu não estaria escrevendo este livro) — nenhum de nós quer ser expulso da tribo. E, veja, se você sentir vergonha ou culpa após um comportamento prejudicial, e esse sentimento de vergonha impedi-lo de se comportar dessa maneira de novo ou a culpa o levar a assumir a responsabilidade e reparar o dano, então... Não acho que essas sejam emoções que devemos necessariamente identificar como ruins. Esse tipo de vergonha — que é limitado pelo tempo (ou seja, vem e depois vai; é fugaz), que envolve o reconhecimento de nossos valores e que existe em sincronia com nosso desejo de gerar carma benéfico em vez de perpetuar o carma negativo — é o que chamo de "vergonha aguda". Podemos aprender a estar com ela, embora seja possivelmente mais intensa do que outros sentimentos difíceis ou desconfortáveis. Podemos processá-la no corpo, lembrando que é um sentimento e que os sentimentos são transitórios — não uma prisão perpétua.

Não é o tipo de vergonha que eu carregava comigo quando desabei naquela manhã na Índia. E esse não é o tipo de vergonha de que estamos falando aqui, que sobrecarrega tantos de nós, nos impedindo de viver como nós mesmos, de *viver de fato*. A sensação de que algo está fundamentalmente errado com você? Que você é inadequado, quebrado, ruim, danificado, falho, irredimível, indigno de amor ou pertencimento? Que você não é e nunca será bom o suficiente? Isso é *vergonha fundamental*, que calcificou e se tornou sua identidade. Ao usurpar sua identidade, ela corrói seu senso de identidade, sua capacidade de conhecer a si mesmo: sua própria premissa é a negação da bondade inata.

Na escala de sentimentos desconfortáveis, a vergonha fundamental é única, e é isso que a torna tão sorrateira e perigosa. Não é apenas desconfortável; é intolerável porque envolve nossa própria concepção do eu. Não é transitória, porque se tornou nosso estado de ser, e não podemos nos dar ao luxo de entrar em contato total com ela — a ameaça ao nosso ego é muito grande. Afinal, se nos permitirmos realmente tocar o não merecimento que acreditamos ser o núcleo de quem somos, por que seguiríamos adiante? A vergonha é um julgamento de quem somos, e a evitamos para sobreviver. Isso não significa que esse tipo de vergonha tenha que ser uma prisão perpétua. Significa que, se quisermos nos livrar dela, precisamos encontrar uma maneira de alcançá-la. Temos que aprender que não precisamos temê-la.

Entretanto, como o contato com ela é muito ameaçador, não estamos dispostos a estar com a vergonha fundamental, a nos permitir senti-la, para que não se mova através de nós, suba e se externalize. O problema é que, se a nossa escuridão não faz isso, não podemos vê-la, e se não podemos vê-la, não podemos integrá-la. Então, ela se esconde dentro de nós, apodrecendo. Está sempre lá, sussurrando ao fundo. É uma sabotadora, deliberadamente destruindo e obstruindo nossos sonhos nos bastidores. A vergonha opera em silêncio e sigilo, tanto que a maioria das pessoas nem sabe do que tem vergonha, passaram muito tempo desviando o olhar. Seja o que for, no entanto, temos que escondê-la dos outros.

Assim, é irônico que a vergonha — já dolorosa por si só — muitas vezes produz solidão, porque nos leva a nos isolar como um mecanismo de proteção contra a rejeição. Como a Dra. Wurzman afirmou, a solidão produzida pela vergonha causa "um duplo golpe — a pessoa está sozinha, o que é doloroso por si, e sente vergonha por estar sozinha". E o ciclo vicioso se torna mais intratável. Fugimos, nos escondemos, nos isolamos. E, como aprendemos no início deste livro, o isolamento e a solidão estão nos matando. Não precisam ser literais — e, eu diria, muitas vezes não são. Várias pessoas que conheço — talvez até você, do outro lado desta página — estão escondidas à vista de todos, cercadas por amigos, levando uma vida invejável, trabalhando duro para caralho o tempo todo para isolar a parte de si da qual se envergonham. Para escondê-la, mantê-la enfiada, afastada, trancada no escuro, nunca mostrando voluntariamente essa parte de si para os outros.

Só que quando você passa pela vida sentindo, no fundo, que é uma pessoa má por natureza, sente que sempre tem um segredo a esconder. Está sempre olhando para trás e para o espelho, desconfiado, torcendo para que ninguém descubra. É a suprema síndrome do impostor. E quer saber de uma coisa? A máscara que você está usando e que diz "estou perfeitamente bem" não funciona tão bem quanto você pensa. O vício em trabalho, a ocupação e distração perpétuas. A automedicação. Eu vejo, e sei que você também. Todos usamos esses comportamentos para esconder nossa vergonha, não apenas dos outros, mas, antes de tudo, de nós mesmos.

Uma pessoa que se enterra no trabalho depende dele como sua principal fonte de valor — perdeu o contato com sua bondade inata (ou nunca a conheceu) e usa o trabalho para se distrair da sensação desconfortável no corpo implorando por atenção. Que sensação é essa? É a vergonha pedindo que você receba a sua verdadeira mensagem: não é que você não seja merecedor, mas precisa urgentemente redescobrir sua bondade inata. O mesmo vale para alguém que glorifica estar ocupado o tempo todo como se a ocupação fosse Deus. Isso porque, em momentos de quietude, de silêncio, é muito mais difícil evitar a vergonha presa em seu corpo. O agente entorpecente da distração foi removido. A vergonha espreita na rolagem pelas redes sociais, nas inúmeras maneiras pelas quais nos distraímos do silêncio. Como qualquer sentimento, vive no corpo, mas tendemos a dar a devida atenção a ela apenas quando se torna uma emergência. O sinal de "manutenção" no painel está piscando há meses, mas agora o carro pegou fogo na estrada.

Se puder evitar, não deixe acontecer com você. Confie em mim, incêndios são caros, meu bem. A vergonha negligenciada pode destruí-lo. Essa é a verdadeira ironia. Na verdade, você não tem nada a temer se a enfrentar, mesmo que pareça que tem tudo a perder. A chave é aprender a reconhecê-la, a entender como ela está se escondendo, a tirar a máscara e santificá-la.

Pertença a Si Mesmo

Uma das respostas relacionais mais típicas à vergonha é agradar aos outros. Ninguém quer pensar em si mesmo como alguém que "vive para agradar". Soa... esquisito. Quando você pensa em agradar as pessoas, o que vem à mente? Alguém que não pode dizer não. Que está sempre colocando as necessidades dos outros antes das suas. Que não tem uma identidade além de ajudar a tornar a vida das pessoas ao seu redor mais agradável. Alguém que suprimiu suas próprias necessidades e desejos e talvez nem saiba mais quais são. "Mas eu não sou assim mesmo!" Talvez seja. Agradar não é sobre ser "fraco" ou "forte", mas sobre desviar estrategicamente o olhar dos outros para longe de si mesmo. Sobre manipular a percepção para se proteger, se vender uma história específica para que não precise assumir a responsabilidade por si mesmo. E muitos de nós fazemos isso — é uma das respostas à vergonha relacional mais comuns que encontro, ainda mais entre pessoas que já têm uma tendência saudável e natural de cuidar dos outros.

Vamos esclarecer isso de uma vez: encontrando alegria fazendo os outros felizes, criando uma vida bonita para as pessoas ao seu redor, cuidando dos outros, desfrutando de aceitação e pertencimento, dedicando-se às pessoas, buscando harmonia, não é viver para agradar. O desejo de agradar, de criar prazer ou beleza, de cuidar, de acalmar, de fazer as pazes não é, por si só, um traço sombrio. Se fosse, teríamos um problema grave. Nossos professores, artistas, cuidadores, terapeutas, conselheiros, diplomatas, santos (e pecadores)... nossas vidas seriam inimagináveis sem eles. A nuance é que a motivação por trás do comportamento não é transacional (obviamente, não quero dizer que professores e cuidadores não devam ser pagos por seu trabalho — na verdade, essas deveriam ser as carreiras mais bem pagas em um mundo justo): a pessoa que "agrada" ou cuida dos outros não está fazendo isso para obter algo de volta de quem está agradando — a motivação é seu próprio prazer. Em outras palavras, a intenção é abrir o coração, não fechar.

Quando falo sobre agradar as pessoas como uma resposta à vergonha, estou falando sobre constante e compulsivamente se engajar em comportamentos que garantam a visão dos outros sobre nós como úteis, bons, confiáveis e gentis, independentemente do preço que isso nos impõe, do quanto aguentamos fazer ou de como nos sentimos de verdade. Ok, talvez pareça que esse comportamento seja bastante inofensivo, sem contar o dano que causa a quem vive para agradar. Pelo menos essas pessoas estão propagando o bem no mundo, certo? Sinceramente, não. Esse tipo de comportamento é uma forma de manipulação, e é especialmente maléfica porque não é obviamente prejudicial. Sua primeira função é amenizar nossos próprios sentimentos de inadequação e indignidade produzidos pela vergonha, sim. Mas sua segunda função é impedir que os outros saibam como nos sentimos, de saber o que realmente está acontecendo sob as camadas. A maioria das pessoas que vivem para agradar é inconscientemente manipuladora e não está disposta a deixar os outros entrarem em seu mundo interior.

Quem vive para agradar vê a vida através de uma lente transacional e capitalista, sempre inconscientemente precisando de algo em troca. Tudo o que fazem pelos outros tem que ter um resultado que sirva para mascarar ou silenciar sua vergonha. Isso fica claro quando viver para agradar se torna um caso de síndrome do mártir, como costuma acontecer. O interessante sobre a síndrome do mártir é que ela também tem uma dupla função. A função óbvia é ser bem visto (de novo, uma maneira de buscar validação externa para silenciar a vergonha), mas a menos óbvia é evitar ter que cuidar de si mesmo, evitar ter que trabalhar em si, fazer as pazes com seu passado, tudo isso permite que você não apenas evite sua vergonha, mas também permaneça irresponsável por si mesmo. Não está disposto a cuidar de si mesmo, então cuida dos outros.

Mas lembre-se, meu bem: cuidar de todos os seres significa cuidar de *todos os* seres: começa com você. Há um elemento falso no cuidado que alguém que vive para agradar proporciona, porque o objetivo final é abdicar da responsabilidade pessoal pela qualidade da sua própria vida — *Como você pode esperar que eu medite... vá à terapia... faça exercícios... coma melhor quando estou ocupado demais cuidando de todo mundo?* Viver para agradar facilita a permanência na mentalidade de vítima e perpetua um ciclo de culpa.

Em sua essência, viver para agradar corrói lentamente nosso senso de identidade. A vergonha nos isola da conexão autêntica conosco, e viver para agradar — como uma maneira de manter a vergonha isolada — continua erodindo nossa base. Quanto mais você prioriza agradar aos outros, menos prioriza suas próprias necessidades. Quanto mais tempo faz isso, mais difícil é saber quais são suas necessidades. O conflito se torna insuportável, e defender seus valores (se tiver verdadeira clareza sobre do que são compostos) se torna cada vez mais difícil.

Quem vive para agradar perde o controle de sua identidade, portanto, tende a ficar cronicamente insatisfeito. Gostariam de estar com outra pessoa, de que tocasse uma música diferente, de ter pedido tacos quando o burrito chega (nesse ponto, estou com eles). Não importa se estão sentados no jardim mais bonito sob o céu mais azul. Eles não estão contentes no presente, mas presos em um passado que era melhor do que o agora. Mentalmente, estão em qualquer lugar, menos aqui. Eles acreditam que a felicidade é contingente — se eu fizer X... quando Y acontecer... então serei feliz.

Por que isso acontece? Porque quando você não sabe quem é, não sabe o que quer. Quando não sabe o que quer, não está satisfeito com o que tem. E tende a se concentrar nos desejos dos outros. É um círculo vicioso. Não só isso, também *não consegue* atender às necessidades do momento presente. Quem vive para agradar não está errado em dizer que algo está faltando, mas esse algo não é o que pensam. É uma consciência e conexão com nossa bondade essencial que nos permite ter sentimentos desconfortáveis, que nos permite permanecer presentes. É estar presente no momento e, na pausa que se segue, aprender qual é a melhor próxima ação. Você só pode descobrir a melhor próxima ação quando tem um momento de pausa. Pessoas cronicamente insatisfeitas nunca param.

Quando você nunca faz uma pausa, fica mais fácil conter esses sentimentos de vergonha, porque não há tempo para refletir sobre como está se sentindo ou por quê (e nem tempo de senti-los). Torna-se mais fácil ignorar a voz interior e, mais do que nunca, viver para agradar. Também torna mais fácil cometer pequenos danos contra nós mesmos que têm grande impacto: você pode ser vegetariano, mas come carne para fazer com que outras pessoas se sintam à vontade. Pode beber álcool para se encaixar, mesmo sabendo que não é a melhor decisão para você. Essas pequenas ações deixam uma marca na mente e incentivam ações ainda maiores que estão desalinhadas com nossas convicções, nossa integridade e conexão verdadeira.

Viver para agradar é um comportamento majoritariamente individual e que ocorre em relacionamentos com uma só pessoa. Podemos até viver para agradar a um, mas não a outro — a depender de qual aceitação nos importa mais ou do quanto sentimos que está em jogo. No contexto de um grupo, viver para agradar se torna um mecanismo de "se encaixar". Todas as pequenas maneiras pelas quais comprometemos nossa integridade por meio desse comportamento, todas as vezes que deixamos de ouvir e nos honrar, nos prepararam belamente para procurar pertencimento nesse estrato maior, independentemente do custo a nós mesmos. A aceitação de grupo é uma droga poderosa, e muitos de nós estamos perseguindo essa onda, seja online ou em pessoa. O desejo de ser aceito, de pertencer, de ser amado obviamente é saudável e natural. Estas não são respostas à vergonha em si — é claro que não. A confusão acontece quando, a serviço de sufocar nossa vergonha, nos ignoramos no processo e concentramos nossa energia em maneiras externas de encontrar esse sentimento de pertencimento que buscamos.

Talvez você tenha encontrado aceitação em um grupo de que nem gosta, mas continua a passar tempo ali em vez de ficar sozinho. A associação satisfaz a parte ferida de você que quer preencher o vazio solitário o mais rápido possível. Talvez, a nível superficial, você obtenha o pertencimento que procura, mas se sente totalmente deslocado. Está sentado lá, julgando e criticando mentalmente as pessoas com quem está escolhendo ficar perto. Não é liberdade. Em um nível neuroquímico, sim, você vivencia um grau de comunidade, mas pergunte a si mesmo: quanto custa ter um assento nesta mesa? Se custar sua integridade, é um bom sinal de que essa aceitação é equivocada e esse grupo em particular não é para você.

Pode parecer juvenil, mas o desejo de "se encaixar" (e confie em mim, mesmo os desajustados querem ser reconhecidos como tal por outros iconoclastas) não desaparece quando você sai do ensino médio. Muitos de nós vivemos o suficiente para que, apenas pela experiência de vida, estivéssemos em lugares e nos comportássemos de maneiras que não se alinhavam perfeitamente com quem somos, porque queríamos pertencer, especialmente quando éramos jovens. Sabemos como é quando olhamos para trás. Porém, isso não desaparece na idade adulta — só fica mais difícil de reconhecer. Como vivemos na ilusão e temos muito medo de sentir nossos sentimentos, devido ao nosso condicionamento e à falta de liberdade, podemos não estar cientes de que escolhemos estar em um grupo de amigos ou em comunidade com um grupo de pessoas de quem *realmente não gostamos* — ou, pior, que estão nos custando nossa integridade.

Então, pergunte-se: "Sentar a esta mesa está me custando algo?" Pergunte-se: "Este grupo é dinâmico, essas pessoas, seus valores estão em integridade com o que eu acredito?" Responder a essas perguntas pode ser surpreendentemente difícil e desconfortável, então muitas vezes gosto de reformulá-las para mim mesmo como "Quando saio de um encontro com eles, me sinto inspirado?" O que significa ser inspirado por outra pessoa ou pessoas? Não é para você sair do FaceTime e ir pintar a próxima *Mona Lisa*. Quando me pergunto "Eu me sinto inspirado?", estou conferindo se minha interação me deixou relaxado o suficiente para ter uma nova perspectiva da vida, mesmo que essa mudança seja pequena, mesmo que seja apenas um detalhezinho.

Nossos amigos, amigos sagrados em particular, devem ajudar a compartilhar o fardo, a carregar o peso da vida. Quando você sai com um grupo de três ou quatro pessoas, não está carregando a vida sozinho por algumas horas. E por causa disso, chega a um estado relaxado o suficiente para que seu sistema nervoso se acalme, não está em alerta máximo, sua visão se amplia: há uma capacidade de ver sua vida, as pequenas coisas, com um pouco mais de graça e generosidade, uma perspectiva um pouco diferente.

Um dos meus parceiros criativos mais próximos sempre me deixa renovado depois de uma sessão de trabalho, mesmo quando é longa ou estou sendo pressionado a ir além, intelectual ou emocionalmente — eu desligo o telefone e sinto que "posso fazer isso". Fico energizado e animado com o trabalho, mesmo que seja difícil. Isso é o que queremos de um amigo — isso é inspiração.

Queremos desesperadamente pertencer, mas primeiro temos que pertencer a nós mesmos. Uma das maneiras pelas quais podemos diminuir a busca de pertencimento baseada na vergonha é lembrando que aprovação não é igual a pertencimento. Pertencer não é necessariamente ser "curtido". Pertencimento é sobre um parentesco compartilhado, um sistema de valores compartilhados. Inclui uma aceitação de nós mesmos pelos outros e uma sensação de que estamos seguros com os outros. Ser amado é um bom benefício de pertencer, mas não deve ser a primeira coisa a se procurar. A aprovação é enganosa quando você ainda não está em sintonia com o que valoriza em si mesmo e nos outros. Muitas vezes, quando buscamos aceitação e aprovação, nem consideramos se *gostamos* ou não das pessoas em questão, se as *achamos* energizantes e inspiradoras ou não.

Anos atrás, um dos meus amigos, Joey, estava chateado por seu vizinho não convidá-lo para beber no pátio do condomínio depois do trabalho, coisa que sempre fazia com os outros vizinhos. Joey era novo no prédio, mas várias pessoas se conheciam há cerca de cinco anos — esse era o grupo dos coquetéis. Saímos para um brunch com outra amiga nossa, Sarah, e Joey contou a história. "Acho que eles não gostam muito de mim", disse Joey, "e não sei por quê, mas é ruim demais ser excluído." Nunca esquecerei a resposta de Sarah a Joey. "Talvez eles não gostem de você", disse Sarah, com naturalidade. Fiquei meio chocado com a atitude blasé dela — não estava tentando convencer Joey de que ele havia entendido mal ou que seus novos vizinhos deveriam, é claro, gostar dele, porque como poderiam não gostar?

Joey pareceu confuso e um pouco ofendido. "Eu queria que gostassem, né?", respondeu, em um tom questionador.

Sarah olhou para ele, tranquila, e eu estava ali, sentado, tentando processar a interação. "Por quê? Todo mundo tem que gostar de você?", disse.

"Não... acho que não", disse Joey, parecendo duvidar.

"Joey", continuou Sarah, "você já se perguntou se gosta deles?"

Eu olhei para o Joey e ele olhou para mim, fazendo uma pausa antes de responder, admitindo: "Não".

"Beleza, então pense nisso por um minuto. Gosta deles?" Sarah parecia um pouco impaciente. Honestamente, isso foi uma revelação para mim tanto quanto para Joey. Eu estava ansioso para ouvir como ele responderia.

"Na real, não", disse ele. Houve silêncio por um momento. "Toda vez que vou lá, fico sempre querendo ir embora", confessou. Joey estava tão focado em querer pertencer e ser aceito que não havia prestado atenção ou mesmo tentado identificar como se sentia naquele contexto ou comunidade. Para o meu lado que vive para agradar, ouvir o ponto implícito de Sarah de que nem todo mundo tem que gostar de você — por mais simples que fosse — foi um lembrete necessário.

Mesmo que eu tenha convivido com a sensação de não ser querido por todos desde que me lembro, até me esqueço dessas palavras: nem todo mundo tem que gostar de você. Não é uma crise ou emergência se você não for do gosto de todo mundo, o que mudou minha vida, porque foi uma das primeiras vezes que entendi que isso não significa que estou fazendo algo errado ou que deve haver algo errado comigo se outra pessoa não gosta de mim. Nem todo mundo é para todo mundo. Parte de pertencer a si mesmo e derrotar a Lógica da Vergonha é se apegar a essa verdade simples. Noventa e nove por cento do tempo, quer alguém goste ou não de você, nem sequer é sobre você. Não é pessoal. A maneira como os outros nos veem é principalmente sobre eles. O carma dessas pessoas é o que gera a percepção que têm do mundo e das pessoas nele.

Cometi muitos erros porque queria pertencer, ser aceito, me encaixar, ser amado. Até o final da adolescência, fingia ser hétero. Queria me encaixar na narrativa heteronormativa. Não queria que ser excluído. Causei um tremendo dano a mim mesmo e prejudiquei outras pessoas por causa dessa necessidade. Mesmo depois de sair do armário, tentei ser "aceitavelmente" queer: mais heterossexual na minha apresentação, menos feminino, menos extravagante — não me permiti ser desinibido na minha autoexpressão porque parte de mim ainda tinha vergonha de ser gay. Saí do armário, mas ainda estava preocupado com a aceitação da sociedade em geral. Esses "você deve ser assim" ou "não deve ser assim" ainda ditavam minha aparência, embora essas regras tivessem como premissa uma cultura homofóbica.

Mesmo na minha própria comunidade queer naquela época, havia uma hierarquia de beleza e desejo sexual modelada em ideias convencionais de masculinidade. Recuei contra meu desejo inato de tentar ser "um dos meninos". Mas quer saber? Foi só quando comecei a aparecer em toda a minha glória que meu conteúdo se tornou viral. Quando decidi: "Eu gosto de me ver como arte", e comecei a viver com isso, meu público quadruplicou de tamanho. Assim que comecei a pertencer a mim mesmo, comecei a encontrar pertencimento nos outros — e a oferecê-lo, autenticamente — de maneiras que eu não poderia ter imaginado antes.

Estar em paz consigo mesmo é uma das maneiras mais profundas de encontrar pertencimento consigo mesmo. O que significa estar em paz? A paz é a aceitação do que é. Estar em paz é uma escolha que fazemos. A natureza dessa escolha está incorporada nesta sabedoria que minha professora, a Venerável Sarah Thresher, uma vez compartilhou comigo: O que vier, deixe vir. O que for, deixe ir. Não precise de nada.

Quando me sinto ansioso ou desconectado, ou quando vem uma onda de tensão e começo a aplicar narrativas a esses sentimentos, não fico em paz. Mas se eu sentir uma onda de ansiedade, desconexão ou tensão chegando e não narrativizá-la, apenas me permito perceber: "Ah, uau, estou me sentindo desconectado, tenso" e deixo a onda quebrar e partir. Se sou capaz de nomeá-la e aceitá-la, então estou em paz. Estar em paz é aceitar que o que você sente é apenas um momento no tempo e encontrar esse momento. É claro, talvez seja um longo momento; talvez sejam muitos momentos, uma hora, duas horas, um dia inteiro. Mas você o encontra: não o narrativiza, não o concretiza tornando-o a definição do seu dia, não o solidifica como um aspecto de sua personalidade; permite que sua consciência o toque, faça contato com essa sabedoria. *O que vier, deixe vir. O que for, deixe ir. Não precise de nada*. "Ok, essa é a sensação de algo vindo. Permito que apareça. E essa é a desse algo indo embora. Permito que vá. Não preciso de nada".

Essa última parte é talvez a mais importante para entender a aceitação: não precisar de nada é o nosso lembrete de que não precisamos "consertar" nada antes de aceitar. A aceitação não requer nada; não depende de fazer algo. A paz é a aceitação do que é. Quando aceitamos o que é, não estamos resistindo à realidade ou lutando contra ela. Aceitamos que a vida está em constante mudança — impermanência. Paramos de nos agarrar, embora estejamos desesperados para isso, porque entendemos que não há nada a se agarrar. O que vier, deixe vir. O que for, deixe ir.

A aceitação é o primeiro passo para pertencer a si mesmo. Só então você pode começar a vivenciar o verdadeiro pertencimento de uma maneira que o ilumine de tal modo que, ao entrar em um local, as pessoas sejam imediatamente atraídas por você. Somos todos atraídos por pessoas que exalam paz, e isso não pode ser encenado. A paz é não verbal, enérgica; é uma fragrância no ar. Está na maneira como uma pessoa se conduz pelo mundo. Por isso me senti tão atraído pelas monjas budistas que conheci no início da minha jornada: porque elas têm acesso inabalável à paz. É uma escolha que seguem fazendo. Estar em paz não é sair por aí cumprimentando a todos com "Namastê. Gratiluz!" Quantas vezes você esteve diante de um professor de meditação ou de alguém no espaço de bem-estar e essa pessoa estava *encenando* a paz? É algo totalmente perceptível. Você acabou sendo atraído por este livro, por mim, mesmo que eu seja selvagem, barulhento, ousado, queer, debochado, porque não estou encenando a paz. Estou vivenciando-a. Não o tempo todo, mas posso dizer que conheço a paz, e não é um "conhecer" como algo que memorizei depois de estudar, mas como uma gnose *que conheço em meu coração.*

Estar em paz incentiva o verdadeiro pertencimento. Incentiva comportamentos e limites saudáveis. Aqueles que querem desesperadamente pertencer são facilmente influenciados por outros. Mas quando se está em paz, não há nada desesperado. Quando sentir um vislumbre de paz em torno de uma pessoa ou em um lugar, siga esse sentimento, aprenda a reconhecê-lo para que possa aprender a diferença entre encenação e experiência. Quando se está em paz, é possível aceitar e considerar plenamente as opiniões dos outros porque confia em si mesmo; pertence a si mesmo.

Aceitar aquilo que é e estar em paz facilita a superação da resistência à vulnerabilidade. Quando estamos em paz, podemos nos arriscar mais facilmente à vulnerabilidade, porque sabemos que, seja qual for a resposta a ela, ainda pertencemos a nós mesmos. Ninguém pode nos tirar isso. Quando estamos vulneráveis, desestigmatizamos as partes dolorosas da experiência humana, privamos a vergonha do que ela precisa para prosperar: escuridão. Na luz, a vergonha murcha.

Despejo de Trauma

Como emoção, a vergonha é gêmea do medo. Nós a escondemos — nós, que vivemos para agradar, arriscamos nossa integridade para pertencer — porque temos medo de sermos expostos. Tememos que, se as pessoas conhecessem nossos eus "reais" (ou seja, os que imaginamos ser fundamentalmente falhos e quebrados), seríamos rejeitados. Tememos a dor da rejeição e estar sozinhos, por isso fazemos coisas que são, ironicamente, antitéticas à conexão real. Na realidade, a vontade de ser vulnerável, de ser o tipo de pessoa que, como diz Brené Brown, está "disposta a demonstrar como é arriscar e suportar o fracasso, a decepção e o arrependimento... disposta a sentir sua própria mágoa em vez de descontá-la em outras pessoas... disposta a possuir suas histórias, viver seus valores e continuar aparecendo"[2] é o que promove uma conexão significativa.

Quando encontramos pessoas que são honestas sobre a trajetória de suas vidas — o fato inescapável de que a vida sempre é, para todos, uma mistura de tentativas e vitórias, de perdas e sucessos, de dor e alegria — como se sentem sobre isso e o que aprenderam, confiamos nelas, porque conhecemos a textura da verdade. A maioria de nós é capaz de farejar um enganador se estivermos prestando atenção. Quando encontramos alguém que se concentra no crescimento e não na conquista, que não se envergonha de onde esteve, nos sentimos menos envergonhados — nos sentimos convidados a ver nossas próprias histórias abertas, ainda sendo escritas, em vez de uma coleção de narrativas com finais infelizes ou significados fixos.

Ser vulnerável significa sacrificar seu ego, seu conforto, para permitir que os outros — mas especialmente você — vejam as partes de si mesmo que podem provocar julgamento: não apenas os eventos da sua vida, mas suas esperanças e sonhos, seus medos, para que possa realmente conhecer e ser conhecido. Significa ser honesto sobre seus sentimentos, não apenas com o que aconteceu com você ou o que você fez. Mas ser vulnerável com os outros dessa maneira inspiradora, energizante e profundamente autêntica é mais complicado do que parece, porque muitos de nós entendemos mal o que significa ser vulnerável. Muitos de nós confundimos contar coisas demais aos outros (muitas vezes sem permissão) com vulnerabilidade — em outras palavras, "despejar traumas".

Despejar traumas é uma forma de vulnerabilidade desempoderada. Quando fazemos isso, quase nunca nos conectamos — em vez de dar e receber, geralmente estamos absorvidos em um monólogo que é hiperfocado em catalogar nossa dor, sofrimento e trauma. Sim, é claro que as pessoas podem se conectar descobrindo que sofreram dores semelhantes. Há alívio em saber que alguém lá fora te entende, que você não está sozinho, que outros estiveram onde você esteve ou está. Mas quando despejamos os traumas, nossa intenção raramente é a conexão de verdade — mesmo que achemos que seja. Em vez disso, é nos posicionarmos como vítima e buscarmos piedade enquanto culpamos. De certa forma, é assustadoramente semelhante à intenção por trás de viver para agradar — a busca de validação. Achamos que estamos procurando uma conexão, mas procuramos uma resposta. A conexão é um estado mútuo de ser, não uma resposta.

Eu chamo o vínculo pelos traumas de "vulnerabilidade desempoderada" porque é uma forma de entrar em comportamentos destrutivos e padrões de pensamento. Quando não se está empoderado pelo que aconteceu ou está acontecendo em sua vida, você acaba repetindo o mesmo filme de terror em sua mente 250.070.500 vezes na esperança de encontrar outro resultado, acreditando que, ao contar a história de novo e de novo e de novo e de novo, algo diferente vai acontecer. Você está colocando um ponto final em vez de uma vírgula na declaração da sua vida, está permitindo que as mágoas, as dores e as partes trágicas da sua história o definam, que sejam *a* história e não uma parte dela.

Como saber se você está se envolvendo em despejo de traumas ou em vulnerabilidade enfraquecida no geral? Você se vê, internamente, em uma competição de trauma — julgando se alguém passou por algo "tão difícil" quanto você? Você se pega pensando: "Meus traumas são mais difíceis que os seus" ou "Minha dor é maior que a sua"? Volte o olhar para as intenções por trás do que conta aos outros. O que está procurando quando desabafa, e em que momentos faz isso? Está sempre respondendo às experiências dos outros com uma história sobre si mesmo? O desabafo era bem-vindo ao outro? Quão próximo você é da pessoa a quem está contando as coisas? Esta última é crucial. A intimidade é algo que, idealmente, construímos por meio da confiança. De certa forma, contar histórias intensamente privadas a pessoas que não se conhece bem pode, na realidade, fazê-las confiar menos em você — é confuso ser o interlocutor de uma conversa emocionalmente carregada com uma pessoa da qual você não se sente próximo. Isso pode criar um sentimento de obrigação em vez de proximidade. Também pode diminuir a natureza do que se compartilhou para a pessoa que está ouvindo — afinal, se fosse tão significativo, por que ela estaria contando a quem não conhece direito?

A meu ver, é interessante como o trauma se tornou uma espécie de moeda nas redes sociais, que depende de gerar rapidamente uma (falsa) sensação de familiaridade e relacionamento entre o público e o locutor — relações parassociais, bebê. Há muitas pessoas que eu respeito no Insta cuja persona online inteira é o trauma. Suas bios — "sobrevivente disso", "vivendo com aquilo" etc. — nada mais são do que seu diagnóstico.

Olha, eu entendo profundamente que certas frases são uma maneira rápida de sinalizar experiências compartilhadas para pessoas que podem estar procurando por comunidade, insights ou recursos. E isso é incrível, sem dúvida. Mas, para mim, se esse é o único ponto de conexão que você está tentando ter como "líder" em qualquer área, se esse ponto abrange tudo, então há um grau de vulnerabilidade desempoderada agindo, e uma perpetuação disso como uma maneira desejável de se relacionar com as pessoas. Precisamos de pessoas que sejam honestas sobre o que estão vivendo, mas por que não escrever "Lutando por quem tem Transtorno Complexo de Estresse Pós-Traumático" em vez de "Vivendo com Transtorno Complexo de Estresse Pós-Traumático"? Faça com que seja sobre o trabalho que você faz, a compaixão, e não sobre si mesmo. Não há nada para se envergonhar ou se acanhar, é claro, mas centrar-se apenas nessa coisa — seu trauma — não é como a intimidade e a conexão funcionam. O momento em que estamos glorifica e celebra a experiência do trauma como um distintivo de honra, como um marcador de superioridade moral, mas isso é um jogo perdido, de ego, nada diferente das pessoas que divulgam suas convicções religiosas como um sinal de sua suposta iluminação.

Há quanto tempo você repete essa narrativa e a usa como porta para a conexão? Há quanto tempo permite que esse período da sua vida seja a definição da sua história? O mais difícil de estar neste estado é que é muito difícil saber quando é o suficiente. Obviamente, queremos poder falar sobre os incêndios pelos quais passamos. À medida que nos aproximamos das pessoas, queremos que entendam as forças que nos moldaram. Então, qual é o limite? A maneira mais simples de pensar sobre isso é a seguinte: estamos em uma situação de vulnerabilidade desempoderada quando ainda não chegamos aonde está a sabedoria. Quando patologizamos em vez de integrar o que quer que esteja sendo contado. Quando envolver-se com a narrativa não ajudou a moldar uma nova perspectiva.

A vida é seu melhor detetive para isso. As pessoas ao seu redor estão na mesma situação? Você se sente atraído por outras pessoas que constantemente repetem seus traumas? Às vezes, a situação de vulnerabilidade desempoderada pode ser sutil. Talvez seja o tipo de programa de TV que está assistindo, a comida, as drogas ou álcool que está consumindo, ou a música que está ouvindo que contribui para o seu estado. Esses comportamentos tornam-se inconscientes, ainda mais difíceis de identificar. A penúria adora companhia. Olhe de fora para dentro e deixe seus relacionamentos e as pessoas em sua vida mostrarem se você está em um ciclo de penúria bem-intencionado e evitando uma conexão verdadeira. Como sabemos, o que tem nossa atenção cresce. Você quer colocar sua atenção no sofrimento ou na iluminação? Ainda que possa ser bom estar em vulnerabilidade desempoderada a curto prazo, você está, na verdade, plantando mais sementes de penúria no jardim da sua mente e causando mais mal do que bem.

Vulnerabilidade Consciente

O budismo nos ensina que a intenção é tudo — a ação mais impactante que podemos ter para reparar ou prevenir comportamentos prejudiciais é corrigir a intenção, nossa motivação, por trás de nossas ações e abordá-las pela raiz. Tendo isso em mente, podemos começar a desaprender os hábitos da vulnerabilidade desempoderada, concentrando-nos em ser *conscientemente* vulneráveis: mantendo nossas intenções à frente quando compartilhamos pensamentos, sentimentos ou experiências emocionalmente íntimos, assim como qualquer coisa sobre a qual sentimos vergonha. A maneira mais direta de ser claro sobre suas intenções é tão simples que chega a ser quase irritante. Pergunte a si mesmo antes de falar: "Estou fazendo isso para beneficiar os outros ou apenas para me beneficiar?" A ideia é estar constantemente ciente do seu objetivo, saber o seu "porquê".

Depois de saber a resposta, você é guiado por escolhas que afirmam a libertação. Em vez de "Quero compartilhar os erros que cometi com os outros para que eles possam me dizer que não é tão ruim", seu raciocínio é "Quero compartilhar os erros que cometi com os outros para que eles não cometam os mesmos erros e não tenham que vivenciar o mesmo sofrimento". Descobrir que, sim, seus erros realmente não foram tão ruins é um bônus, um adorável momento de conexão e nova consciência adquirida, em vez de motivação impulsionada pelo ego.

A vulnerabilidade consciente o lembra de falar sobre sua dor para inspirar as pessoas, e não provocar pena. Quando você fala de um lugar de vulnerabilidade consciente e autêntica, convida as pessoas a iluminar a intenção de seus corações, a benevolência que vive dentro delas. Vulnerabilidade consciente e autêntica ajuda a estabelecer uma conexão verdadeira, tornando você um lugar seguro para os outros. Lembre-se, a vergonha isola. Quando estamos vulneráveis, abrimos a porta para a conexão, demonstrando aos outros que eles não precisam temer nosso julgamento — ao permitir que nossa vergonha seja vista, mostramos que somos capazes de praticar a graça. Quando estamos vulneráveis, sinalizamos nosso potencial de empatia. É disso que se trata. Você cria o ambiente no qual a verdadeira conexão pode crescer e no qual a vergonha não encontra um porto seguro.

Permanecer consciente também ajuda a nos manter autenticamente vulneráveis — mantém o ego sob controle, lembrando-nos de que, se estamos buscando um determinado resultado ou resposta, não estamos vindo de um lugar de verdadeira vulnerabilidade. Quando estamos sendo autenticamente vulneráveis, sabemos e aceitamos que não podemos controlar como outra pessoa pode responder a essa vulnerabilidade — e seremos vulneráveis independentemente do outro. Abrimos mão do controle e, de certa forma, do poder — ou pelo menos da ilusão de poder sobre como os outros nos veem. É parte do que torna isso tão assustador e difícil. Para muitos de nós, despejar traumas não é um problema — não conseguimos ser vulneráveis, seja de forma desempoderada ou não. A ameaça que nossa vergonha representa é grande demais.

Por um tempo, fazia sentido para mim descrever a vulnerabilidade autêntica como "vulnerabilidade empoderada" porque é o estado oposto de vulnerabilidade desempoderada, ou despejo de traumas. Mas a questão é que ser autenticamente vulnerável nem sempre parece muito empoderado *na hora*. Obrigado, medo. Quando estamos autenticamente vulneráveis, permitimos que nossa consciência meça a realidade sem filtros. Esse reconhecimento não filtrado de sua realidade atual é tão livre de pretensões, tão livre de Photoshop emocional, tão nítido que, ao falar sobre isso, ao dizer as palavras, você estremece, seus olhos lacrimejam, sua garganta se fecha, seu coração aperta, suas mãos suam. Você é tão vulnerável que o sentimento é o mais próximo possível de andar nu.

Em outras palavras, quando você está autenticamente vulnerável, perde o que costuma usar para controlar como os outros o veem, o que costuma usar para se proteger. Todos temos o impulso de nos protegermos. E às vezes também procuramos proteger os outros, para protegê-los de nossas verdades. Mas quando procuramos proteger a nós mesmos ou aos outros da realidade, não conseguimos ser honestos. E então, não há oportunidade de crescimento e conexão. Um escudo não deixa espaço para proximidade

— é literalmente (embora metaforicamente nesse caso, rsrs) uma barreira entre duas pessoas. O outro detalhe sobre a honestidade — ou sobre a falta dela, mais precisamente — é que, sem ela, também não há possibilidade de assumirmos responsabilidades, para ou por nós mesmos.

Às vezes, a vergonha que carregamos conosco não é sobre o trauma que vivenciamos, ou as maneiras pelas quais aprendemos a nos desvalorizar e nos tornar pequenos, mas sobre o mal que fizemos aos outros. Acho que esse tipo de vergonha é o mais difícil de enfrentar para muitos de nós, porque é uma sensação horrível — prejudicar os outros é profundamente antissocial. Corre-se mais facilmente o risco de rejeição do grupo. E é aí que, moral e eticamente, a Lógica da Vergonha se torna mais convincente. Então a evitamos muito. Mas evitar a vergonha que sentimos por prejudicar outra pessoa também tende a significar que nunca fazemos nada para reparar esse dano; apenas o carregamos conosco. Quando você carrega um saco de remorso, um saco de desculpas, um saco de culpa, um saco de vingança ou um saco de rancores com você, sua presença não está curando.

A verdade é que, a menos que você seja total e profundamente livre, a menos que seja um Buda iluminado, mesmo que tenha as mais puras intenções, não será perfeito o tempo todo. Vai machucar as pessoas. Ser vulnerável o suficiente para reconhecer isso inicia o processo de reparação, e isso ajuda a neutralizar a vergonha. Não é tão difícil quanto parece, mas somos ensinados a viver com vergonha, e isso parece normal. A reparação não precisa ser um conserto literal de um relacionamento quebrado ou de um erro. Não é preciso pedir perdão ou fazer as pazes — a pessoa que você magoou pode não aceitar, ou o dano que causou pode não ter tido um alvo específico (alguns de nós simplesmente passamos um tempo sendo babacas). Reparar significa abordar o que levou à ação — ou seja, examiná-la sem medo, aprender com ela e não voltar a fazê-la. Você se compromete a parar de perpetuar o dano e a viver de acordo com esse compromisso. Na verdade, temos uma enorme capacidade de aprender e reparar, mesmo em relacionamentos em que uma pessoa está morta ou não está mais em nossa vida. Você pode até mesmo voltar através das gerações e encontrar a cura.

Uma vez que você aceite que causou danos, provavelmente sentirá remorso — verdadeira tristeza por ter magoado alguém e um sentimento de remorso por ter feito isso — e arrependimento — o desejo de não ter feito (pelo menos espero que sim). O arrependimento, no entanto, é pegajoso e traiçoeiro. Pode fazer com que a vergonha volte a se acender. Leva-nos de volta ao passado, onde tendemos a ficar presos. E as pessoas têm dificuldade em expressar arrependimento de um lugar sincero. Nosso desejo de nos proteger da vergonha entra em ação, e a defensiva vem. Meu maior conselho sobre resolver arrependimentos é não se defender. Apenas se deixe notar. Assuma a responsabilidade. É muito forte pensar nisso como "Eu admito mesmo que tive um impacto em outra pessoa. Por meio das minhas palavras e ações, fiz algo que gerou danos. Posso encontrar um jeito de assumir a responsabilidade e responder a isso sem me tornar mau e entender que provavelmente havia alguma coisa acontecendo à época? Talvez eu não tivesse os recursos ou a consciência para fazer uma escolha melhor".

Esse é o lance do arrependimento: a escolha de se arrepender pelo que fez de errado já é um movimento para a frente, não um passo para atrás. Se você pode ser vulnerável a isso, então já está se impulsionando para o crescimento. Houve momentos em que senti tanto arrependimento que só conseguia ficar deitado no chão. Se você, como eu, se sentiu assim, pode mudar o ímpeto cármico de ações passadas vendo o arrependimento, como sugere o budismo Vajrayana, como a ação hábil de olhar para trás e desembaraçar quem você é daquilo que fez. Perceba que o que está pedindo para morrer é a parte de você que agiu por congruência com sua natureza búdica.

Essa é a parte de você que está pronta para ser levada ao fogo e queimada até o chão para que um solo novo e mais fértil possa ser cultivado. Se falar com um botânico, ele dirá que, quando uma floresta queima, as cinzas se tornam o fertilizante mais potente. O fogo, na verdade, faz a floresta ficar mais forte, sábia, bonita, exuberante, verde e perfumada. Deixe a floresta queimar até o chão. Você vai usar essas cinzas. Vai fertilizar o solo de tudo o que é bom, benevolente, hábil e sagrado dentro de você.

Uma das maneiras de fazer isso é por meio de um "detox de arrependimento". Todas as coisas que te assombram à noite ou em momentos de silêncio? Anote-as: *Lamento por ter...* Seja honesto sobre o que te assombra. Um detox de arrependimento requer vulnerabilidade e bravura. Lembre-se, bravura não significa não ter medo; significa ter medo e fazer assim mesmo. Tenha como base o conhecimento de que quem você é agora não é a mesma pessoa que fez essas coisas no passado. Essa é uma verdade biológica e espiritual. A questão é: você está disposto a se calcar na pessoa que é agora ou está disposto a continuar dando poder a quem era, por não querer admitir que fez essas coisas?

Se não se sentir pronto para confrontar seus arrependimentos sozinho com seus pensamentos, então tem que ligar para seu melhor amigo ou terapeuta e dizer: "Vou te contar um bagulho escroto. Você aguenta?" Este é outro momento em que terá que recorrer à vontade de ser autenticamente vulnerável. Eu sei que é assustador, mas se você não tem firmeza suficiente por conta própria, então precisa fazer isso com outro sistema nervoso à sua frente para ajudá-lo a regular. Caso contrário, a vergonha e a culpa que fizeram parte do seu léxico e diálogo interno farão você perder o controle.

Quando dá um nome aos seus arrependimentos, quando os escreve e os lê, literalmente trazendo-os à luz, volta a aprender a ver no escuro, a transformar cobras em cadarços. Seu remorso não pode te machucar. O que está vendo é uma lista de coisas que não é mais, uma lista de coisas que não aprova. Ao fazer isso, aprende a se conhecer melhor, esclarece seus valores, seus limites. Sua lista de arrependimentos se torna um mapa, fornece um caminho claro para todas as coisas que não fará novamente. É assim que você fertiliza o solo — olha para a lista e não a aprova, mas aceita.

Arrependimentos não resolvidos apenas aprofundam nossa vergonha, inibindo nossa conexão com os outros. Mas é muito triste que o arrependimento mais profundo que as pessoas sentem no final da vida seja não ter passado mais tempo com as pessoas que amavam ou que não promoveram essas conexões. Nessa hora, não há mais tempo para resolver o arrependimento. Vamos levar tuuuuudo de volta para o começo: precisamos uns dos outros. Não é vergonha nenhuma. E, no entanto, somos ensinados que expressar essa necessidade humana mais profunda é um sinal de fraqueza (não é) e que é algo para se envergonhar (não é). Nós precisamos uns do outros. E, no fim das contas, a única maneira de acessar o outro é ser real sobre isso, ser emocionalmente vulnerável. Sim, não há como evitar: quando se está emocionalmente vulnerável com outra pessoa, corre-se o risco de ser rejeitado. Mas adivinha só: após a rejeição, se acontecer, você ainda estará lá. O "não" não é uma confirmação de que você é indigno ou não merece ser amado ou que não pertence a esse lugar — que tem algo do que se envergonhar. Foda-se a vergonha. Mande uma mensagem para seu velho amigo quando ouvir aquela música que te faz lembrar dele. Diga a alguém que o ama. Peça ajuda. Seja vulnerável.

Quando estamos autenticamente vulneráveis, somos capazes de lidar com a dor com menos sofrimento. Isso porque ser vulnerável, por definição, significa que não estamos resistindo a nada. Quando usamos uma máscara e agimos para nos proteger, estamos no modo de controle. Quando estamos vulneráveis, aceitamos que não podemos controlar como os outros nos percebem, muito menos a própria vida. Quando estamos vulneráveis, estamos em um lugar de aceitação. A vulnerabilidade é o portal entre dois corações. Quando aborda a vida com vulnerabilidade sobre sua história, sua experiência de ser humano, você convida os outros a ver suas próprias vidas e histórias sob uma nova luz e com menos vergonha. Apenas por existir como você mesmo, sem vergonha, você dá permissão aos outros para fazê-lo também.

Transfiguração

Quando estamos autenticamente vulneráveis, sentimos menos vergonha. E quando sentimos menos vergonha, a aceitação — do que pode ter acontecido conosco, o que podemos ter feito, como nos sentimos, nossa própria vergonha — se torna mais fácil de praticar. Em um estado de aceitação, paramos de resistir à realidade como ela é. É um dos belos paradoxos da vida: quando paramos de resistir à realidade, de discutir com o passado, quando chegamos a um acordo com o fato de que o que foi feito não pode ser desfeito — que não podemos mudar isso — criamos verdadeiramente a possibilidade de mudança, a possibilidade de mudar nossas vidas seguindo em frente, sim, mas sabe do que mais? Na verdade, criamos a possibilidade de "mudar o passado". Eu sei, estou me contradizendo. Mas a vida tem tudo a ver com percepção. O que estou falando aqui é de uma mudança diferente, mais sutil, quase mística: a transfiguração.

Transfigurar seu passado é mudar sua percepção dele. É mudar a textura de suas memórias, que são onde o passado — e as experiências das quais ele é feito — vive no presente. Nenhum de nós é viajante do tempo, mas a dor e a vergonha que reverberam do trauma e da vergonha continuamente nos puxam de volta como se fôssemos. Transfigurar nossas memórias significa, por fim, transformar seu significado, dar-lhes um novo sentido e santificá-las. Consagramos nossa dor. Não *glorificamos* nossa dor, mas entendemos que ela faz parte da terceira verdade tanto quanto nossa alegria.

A terceira verdade é sobre o desconhecido, sobre o mistério; é o campo de Rumi além do bem ou do mal; é um conhecimento tranquilo de que há harmonia no caos. A terceira verdade se revela quando, mesmo em meio a momentos extremos e difíceis, você é capaz de tocar seu âmago e surge uma gnose avassaladora, lavando sua resistência à realidade como ela é — deixando para trás um significado novo e fresco, não mediado por seu condicionamento, que está vendo pela primeira vez. Esse é o poder de Deus. Quando somos capazes de transfigurar o trauma, estamos abertos às belas lições do carma. Sua capacidade de transfigurar informará quanta compaixão é capaz de dar e receber. Se ainda acredita que é uma pessoa má por causa de um erro que cometeu há dez anos, permanecerá inconscientemente em um ciclo de mágoa e, portanto, inconscientemente, criará um rastro de violência, propagando vergonha e isolamento.

Porém, se transfigurar seu erro e der significado espiritual a essa experiência, não sentirá mais a necessidade de se punir, não viverá mais uma profecia autorrealizável de que é mau e merece que coisas ruins aconteçam com você. O mesmo vale para aqueles que te magoaram, para a dor que sente, e para a maneira como os enxerga.

Cair na abstração é muito sedutor quando se fala de transfiguração, então vamos botar seus pés no chão. Quando digo que a transfiguração dá um novo significado ao nosso passado, qual é esse "novo significado" de que estou falando? É um significado espiritual — que nos dá a vontade de continuar vivendo; é a capacidade de ver que "não há erros aos olhos de Deus". Olha, sei que isso se aproxima perigosamente de "tudo acontece por um motivo". E, para ser honesto, é quase isso. "Tudo acontece por uma razão" parece implicar que há uma lógica para eventos devastadores, e essa lógica é "Isso aconteceu para que aquilo pudesse acontecer".

Quando minha mãe morreu, não pude acreditar na quantidade de pessoas tentando me confortar com "tudo acontece por um motivo". Quem gostaria de ouvir que alguém que você ama sofreu a serviço de... o que, mesmo? Algum benefício que você vai ter no futuro? Porque a "razão" é, por necessidade, boa, certo? Caso contrário, ninguém diria isso. O carma é um sistema de causa e efeito, sim. Contudo, também é misterioso. No Ocidente, tendemos a imaginá-lo como um sistema muito transparente e punitivo, mas isso é profunda e simplesmente errado. Causa e efeito não são moralidade; é uma força afetada por uma infinidade de impactos. E é misteriosa — os humanos não são os árbitros do carma; nem sempre podemos ver ou entender como ele se desenrola, se desenrolou ou se desenrolará. Estende-se ao longo da vida, ao longo de gerações.

Entender que não há erros aos olhos de Deus é uma maneira de aceitar o mistério inerente à vida. Passamos muito tempo batendo nessa tecla de que não se pode argumentar com a realidade. Mas, por mais concreta que ela seja, também contém o misterioso, o divino, o cármico. Aceitar esse mistério nos conecta a ele, ao divino, à terceira verdade, ao que é possível. Nossa perspectiva se amplia. Normalmente, porém, nossa visão da vida é muito limitada. Não sabemos o que é possível, que há possibilidade. Estamos todos andando por aí com dor não processada, vestindo nosso trauma como uma venda nos olhos. Quando você está vendo o presente por meio do passado, o que vê, de fato? Quase nada.

A transfiguração nos impede de dar voltas no passado. Quem fala de si cronicamente, despeja traumas, relembra seus passados, ou seja, *a maioria que está lendo este livro,* todos agimos a partir de um erro estratégico: pensamos que, contando nossa história — repetidamente —, enfim daremos sentido a ela. Vamos entender o *porquê* por trás da dor, o motivo. Pensamos que, refazendo os fatos de nossa vida e repassando nossos pensamentos sobre esses fatos, chegaremos à paz. Encontraremos uma consciência estabilizada do momento presente. Desculpe, meu bem. Não vamos. A transfiguração acontece quando processamos nossa dor e encaramos os sentimentos que nossas histórias nos deixaram.

Não se trata de atribuir um novo significado a cada memória individual. Não é uma lista de afazeres — "Aqui estão as sete coisas que tenho que santificar hoje". Não é preciso reativar todas as memórias para transfigurá-las; não é preciso contar sua história e evocar seu trauma para curar sua dor. É aí que erramos, e é esse mal-entendido que leva muitos de nós a não tentar ou se sentir derrotados antes de começar. A transfiguração é sobre se concentrar no sentimento basal, em vez da experiência individual. Há um momento, uma tarde tranquila, em que você é atingido pela coragem de não responder a um pensamento negativo e, em vez disso, deixar-se realmente sentir sua raiva, sua tristeza? Por cinco minutos, pode escolher não sair da cama, ficar deitado e escolher ficar na tristeza? Dizer a si mesmo: "Eu aceito que me sinto triste agora; eu aceito que me sinto com raiva agora"? Para dizer a si mesmo: "O que vier, deixo vir. O que for, deixo ir"?

Quando vamos em direção aos sentimentos em nosso corpo em vez de responder aos nossos pensamentos, quando podemos estar com sentimentos de rejeição, de culpa, de vergonha, com gentileza, paciência e tempo suficientes, esses sentimentos mudam, ficam um pouco mais leves a cada vez. E nesse momento de mudança, se tornam menos embolados com a narrativa que se passa em sua mente. Toda a sua história se torna um pouco menos pesada porque começou a processar a culpa, a rejeição e o medo, de modo que todas essas qualidades de sentimento pesam menos em toda a sua biografia. Dessa forma, embora não seja algo que se faz uma vez e pronto, o ato de processar um momento afeta toda a sua história.

Muitas vezes pensamos que temos que curar esta ou aquela memória sobre esta ou aquela pessoa ou um evento e que cada uma dessas memórias tem sentimentos diferentes associados a ela. Por um lado, isso é verdade. Nossos relacionamentos e experiências são específicos. Todavia, se a qualquer momento uma memória dolorosa surgir, for possível apenas estar com seus sentimentos desconfortáveis no corpo, em vez de se envolver com os detalhes da história, você estará trabalhando no desembaraço das duas coisas. Sabe todas as vezes que esses sentimentos foram ativados anteriormente, mas não foram processados? Eles se acumulam; vivem em seu corpo, independentemente de onde se originaram. Portanto, não precisa revisitar as histórias em sua mente ou as histórias de seu passado para processar a textura desses sentimentos de sua biografia.

A transfiguração não pode ser apressada. Quando se trata de trauma, não há transfiguração que possa acontecer antes que se tenha caminhado pelo vale das sombras ou rastejado para fora do inferno. Não há como transfigurar uma experiência sem realmente aceitar que aquela coisa horrível aconteceu. É necessário sentir e viver a dor disso. Se você a trancar, não há transfiguração. No funeral da minha mãe, muitas pessoas me disseram que ela estava em um lugar melhor porque antes estava sofrendo. Elas não estavam exatamente erradas. Mas não se pode forçar a transfiguração goela abaixo de alguém enquanto o trauma está acontecendo, nem transfigurar o funeral de sua mãe enquanto ele está acontecendo. Deixe-me passar pela dor, pelo luto, pelo horror, pela dissolução, pela desorientação, pelo desmoronamento — dê-me tempo para chegar ao fato de que isso aconteceu. A transfiguração exige que se atravesse o fogo.

Os próprios traumas são transfigurantes. Mais vezes do que posso contar, alguém me disse que gostaria de poder voltar a ser quem era antes do trauma, que gostaria de poder ser a pessoa que era antes da dor. Isso... é uma causa perdida. Sim, o trauma nos muda, mas a dor é inevitável, e não se pode mesmo saber quem você teria sido se algo não tivesse acontecido. Pensar em quem teria sido, como você ou sua vida seriam diferentes, é apenas outra forma de resistência, somando sofrimento à dor. É uma necessidade do eu. Você não seria quem é agora sem o trauma; seria alguém diferente. Parte da transfiguração é a graça que lhe permite aceitar isso em vez de rejeitar a si mesmo. O trauma é um fato da vida; todos passaremos por isso. Escolher transfigurá-lo significa que escolher abrir mão de como você o deixou definir a si. E quando santifica a memória, dando um novo significado a ela, precisa ser apenas nesse sentido: "Ok, essa coisa horrível aconteceu. Sobrevivi. Estou ligado à vontade de viver de uma forma mais efetiva e profunda". É isso.

Vergonha tem tudo a ver com certeza: a certeza de que somos indignos, inadequados, fundamentalmente quebrados. A transfiguração é sobre gnose, e sobre o desconhecido, o que poderia ser, do outro lado da vergonha. Quando você dá significado espiritual ao seu passado, move ideias passadas de bem e mal. Por mais que tentemos intelectualizar isso, é trabalho do coração, que fala por meio da intuição, silêncio, sincronicidade e vida se comunicando com você. Pare, faça uma pausa e respire. Abra espaço para permitir que a revelação entre — esses novos entendimentos, essas novas maneiras de ver, aqueles momentos em que você de repente sabe algo que não sabe como sabe. Algo que apenas vislumbrou com o canto do olho entra em foco. Algo oculto, desnudado. É aí que a revelação e a vulnerabilidade se encontram — no espaço onde nos encontramos com o mundo e o mundo nos encontra, desvelado, desobstruído, sem tela, sem vergonha.

Capítulo 7

O Carma de Tudo

Na vigésima sétima noite de um retiro silencioso de trinta dias em Katmandu, Nepal, tive o que foi — e continua sendo — o sonho mais vívido e assustador da minha vida. Nele, eu assistia, desencarnado, a mim mesmo nu, me enforcando no teto do Gompa, o espaço em que meditávamos todos os dias. Horrorizado, vi os outros aprendizes entrarem no Gompa e acharem meu corpo nu e sem vida suspenso no centro.

As quatro semanas que antecederam esse sonho foram alguns dos dias mais difíceis da minha vida. Sete meses antes, fiz meu primeiro retiro na Índia, apenas alguns meses depois de deixar Nova York, envergonhado. *Esse* retiro foi revelador, e mais: nele, ao aprender sobre a impermanência, enfrentei a inevitabilidade de minha própria morte pela primeira vez e comecei a aceitar minha própria mortalidade. Nele também encontrei a monja que me apresentou à ideia de bondade inata, contando que todos nós — inclusive *eu* — temos posse dessa bondade basilar. Despertar para essas verdades, ganhar essa consciência, foi uma cura e uma inspiração profunda. Sim, eu tinha começado a ter que integrar memórias e processar meus sentimentos de uma maneira que eu evitara antes, mas havia um ânimo preenchendo o que era possível em meu progresso. Meu tempo era limitado, mas isso o tornava valioso, e eu era bom — merecia aprender, crescer e seguir o caminho da libertação.

Mas este segundo retiro? Nem tanto. No início, ainda não entendia que *não poderia ser libertado* a menos que enfrentasse minha escuridão, até integrar minhas sombras. E as quatro semanas seguintes acabaram sendo sobre isso — focar nossa gentileza amorosa em nossa vergonha; fazer jorrar sua luz sobre os aspectos de nós mesmos que odiamos, os erros que cometemos, todas as coisas que fizemos e que nos foram feitas que causaram danos. Como afirmou Pema Chödrön, e estou parafraseando aqui, a menos que você tenha estado com sua própria escuridão, não pode estar com a escuridão dos outros. Isso é o que estávamos aprendendo a fazer: conhecer nossa própria escuridão, nosso próprio sofrimento, para que pudéssemos estar *presentes* para a escuridão e o sofrimento dos outros. Para que pudéssemos aprender a praticar a verdadeira compaixão.

Foi como se, de repente, eu tivesse apertado "play" em um filme dos meus piores momentos. Fui tomado pelas maneiras que magoei outras pessoas e por todas que outras pessoas me magoaram. Eu não estava apenas despreparado para isso, também tinha raiva e medo. Não pedi para ser preenchido pelo meu passado mal resolvido. Antes, eu era ótimo em dissociar e me distrair sempre que lembranças como essas surgiam, sempre que esses sentimentos exigiam ser processados. Foi como se o retiro tivesse ligado a chave da minha visão noturna e agora ela ficaria ativa, quer eu gostasse ou não. Não pude deixar de ver o trauma desordenando meu mundo interior. E como ainda não tinha as ferramentas para processar meus sentimentos no corpo, senti-me fisicamente doente a maior parte do tempo.

Não poder falar com ninguém sobre isso só piorava as coisas. Tínhamos uma breve pausa nas tardes, e nelas éramos autorizados a falar, mas, como esse tempo era muito curto, ficava difícil desenvolver uma intimidade que permitisse discutir qualquer coisa com estranhos. Mal tivemos tempo de nos conhecer. Eu estava sozinho comigo mesmo e não tinha para onde correr. Na meditação, temos a tarefa de observar sem julgamento. Contudo, fora dessa prática, era incrivelmente difícil permanecer presente, concentrar-me, estabelecer-me em mim. Enfrentar minhas próprias merdas significava aceitar que eu tinha vivido de uma maneira da qual não me orgulhava, mas também perceber que eu tinha sido meu pior inimigo. Isso causou uma enorme tristeza.

A dura verdade chegou com clareza perturbadora: agora eu podia ver que minha mente tornou pior cada experiência dolorosa que tive. Quando alguém fazia algo comigo, eu piorava a situação em minha mente. Quando prejudiquei outra pessoa, piorei isso em minha mente. Foi algo muito alarmante para mim: não podia confiar em mim mesmo — minha mente não processava fatos, mas uma narrativa deles que era condicionada, doutrinada, *envenenada*.

Os Três Venenos

No budismo, um princípio central é que todos os humanos são afligidos por três falhas de caráter: apego, aversão e ignorância, que juntos são chamados de "os três venenos". Essas falhas não negam nossa bondade interior, mas com certeza dificultam alcançá-la e têm origem no desejo — o apego — que causa sofrimento.

Pense no apego como ganância — ele se traduz nesse contexto com frequência. Simplificando, queremos guardar e acumular qualquer coisa boa. Exacerbamos a delícia que essas coisas são. Mas, além disso, queremos *mais* daquilo que é bom. Nós nos adaptamos ao estado das coisas; o que é brilhante perde seu brilho quando manuseado. O apego nos aprisiona em um ciclo de desejo constante. Neste ciclo insustentável, nada, nem ninguém, será bom o suficiente. O contentamento não é possível.

A aversão tem duas faces distintas: ódio e agressão. Assim como somos atraídos pelo que nos faz felizes, nos traz prazer e sustenta a ilusão da identidade fixa e imutável do ser (em oposição ao processo de autoconhecimento), temos uma aversão a qualquer coisa de que não gostamos, que odiamos, que ameace o ego ou a nossa sobrevivência. Com a aversão, evitamos todas as coisas, mesmo as remotamente desconfortáveis, e acreditamos na ficção da dualidade: a aversão nos prende ao julgamento e a ver a diferença como alteridade, vendo pessoas com quem não nos identificamos como O

Outro. E, como estamos dispostos a ferir O Outro para nos proteger, a aversão leva à violência.

A ignorância envolve uma falta de compreensão da natureza impermanente e interconectada de todas as coisas. Essa ignorância dá origem a um senso de existência inerente e a uma crença em um eu separado e independente. A ignorância também leva a um mal-entendido da lei de causa e efeito, o carma.

Quando não somos guiados pela ignorância, temos conhecimento da verdadeira natureza da realidade, incluindo os conceitos de impermanência, não eu (a ausência de um eu existente independentemente) e interdependência. A ignorância é o resultado e a fonte do apego e da aversão. É a crença de que alguém ou algo está a meu favor ou contra mim, e se não estiverem, essas pessoas não importam. É a ignorância de nossa humanidade compartilhada e, portanto, também uma indiferença a ela. A ignorância é um tipo de ilusão: a ilusão da separação. Eu e eles. É a devoção à crença de que a felicidade é encontrada fora de nós mesmos; quando nos apegamos, reforçamos a noção de que existe um "eu" que se apega e um "eles" ou um objeto a ser alvo do apego — entre nós está a separação.

Chamamos essas três falhas de "os três venenos" porque envenenam nossa percepção da realidade. Poluem nosso sistema. Obscurecem nossa mente e nos levam a atitudes — criar carma — prejudiciais. Os três venenos fodem nossas intenções — o *porquê* por trás do que fazemos, a *causa* da ação — e, como você sabe agora, as intenções são tudo: elas são o motor de nossa jornada pelo mundo e do que acontece conosco. Em outras palavras, quando qualquer um dos venenos motiva nossos pensamentos e comportamentos, sofreremos na forma do carma.

Pergunte a si mesmo: quanto de um determinado dia, quanto de sua *vida* é impulsionado por um ou mais desses três venenos? A ignorância é provavelmente a mais difícil de reconhecer em nós mesmos (você não sabe o que não sabe), mas o apego e a aversão são mais fáceis de detectar. Depois de identificá-los, pode desvendar a ignorância que é a causa raiz deles. Seja honesto, mas gentil consigo mesmo — não é que *você* seja ignorante — todos estamos presos em um estado de amnésia samsárica até alcançarmos a libertação.

No budismo, "samsara" significa o ciclo interminável de nascimento, morte e renascimento que é caracterizado pelo sofrimento. É o esquecimento de que nascemos com a natureza de Buda, intrinsecamente boa; que não estamos divididos; que as dualidades binárias e a percepção da identidade autofixada são *errôneas*. O problema é que, mesmo sabendo de tudo isso, ainda é muito difícil sentir os venenos em ação quando estamos agindo sozinhos. Entretanto, se você explorar isso no contexto do relacionamento com os outros, torna-se verdadeiramente revelador como os venenos percorrem seus pensamentos e intenções. Muitos de nós estamos viciados em um padrão vaivém: gosto de você/te odeio; te amo/te detesto; quero você/vá embora; você é meu/vaza daqui. O que mais amamos se torna algo que nos envenena.

Pessoalmente, enfrentar os três venenos — como eu dera a eles rédea solta sobre minha vida e o carma que havia semeado — realmente me abalou. Por um lado, isso deveria ter tirado um peso enorme dos meus ombros, uma libertação, um longo *uuuuuufa*. Agora que eu podia ver o que estava me sobrecarregando — que sabia que estava carregando um fardo — poderia soltá-lo, certo?

Porém, por outro lado, não era tão simples. Não dava para simplesmente largar o fardo. Não era como se eu estivesse com uma saca nas costas, mas, sim, preso a uma barra com dois pesos; um lado continha um balde cheio de veneno e o outro um balde vazio. Não havia nada para compensar o peso. Eu estava desequilibrado. Percorrer o caminho sem encher o outro balde seria impossível. Para restaurar o equilíbrio, seria preciso encher aquele balde vazio com os antídotos para os venenos. Teria que me comprometer com o trabalho contínuo de desfazer meu condicionamento.

Tomar Refúgio

Ah, o compromisso. Vamos apertar o botão de *rebobinar* por um segundo. Vamos voltar para... bem aqui, perfeito. Pode parar. A noite em que tive o sonho. Talvez eu devesse ter mencionado que ela ocorreu no dia em que fui formalmente convidado a *tomar refúgio*, a cerimônia de compromisso que — se eu escolhesse participar — me tornaria oficialmente budista.

Na manhã seguinte ao sonho, me vi fixado em seu simbolismo e interpretando-o como um sinal de que não deveria tomar refúgio. Não só isso, na verdade eu deveria correr para fora dos portões do mosteiro, descer a colina até a cidade, pegar o próximo táxi para o aeroporto e entrar em qualquer voo que me levasse para casa o mais rápido possível. Afinal, quem poderia argumentar contra esse sonho? Tinha que ser um presságio sinistro, certo? Eu me matei na sala de meditação: esse caminho era um perigo para mim. Eu estava nu: esse caminho significava exposição, e exposição devia significar perigo. Fui encontrado por outros aprendizes: tentar pertencer a esta comunidade só causaria mais vergonha.

Na hora do chá daquela tarde, estando com um dos únicos aprendizes com quem consegui estabelecer alguma conexão, contei meu sonho — e minhas dúvidas. Sydney, minha gentil e generosa amiga, ouviu calmamente e com presença notável. Eu me senti visto e, sobretudo, não me senti julgado. Quando terminei de falar, Sydney sentou-se em silêncio por alguns instantes. Então, sugeriu que, talvez, esse caminho *fosse* um perigo para mim — para a *parte* de mim que estava morrendo e não queria desistir. "A parte de você que está morrendo *está* assustada", disse ela. "Se você tomar refúgio, mais tarde ela desaparecerá para sempre."

O que ela disse bateu em mim do jeito que só a verdade consegue. Todos nós reconhecemos a textura da verdade; todos sentimos o "clique" quando a compreensão é desbloqueada pela revelação. A verdade era que eu tinha medo da rapidez com que estava me transformando, da velocidade e inexorabilidade com que estava conhecendo minha sombra, e tinha medo de entrar na escuridão e fazer amizade com ela. Alguma parte de mim — a que tem que evitar meus sentimentos intoleráveis, que tem que engolir a vergonha, lá-lá-lá, e flutuar por aí fingindo que eu estava bem — *ia* morrer se eu continuasse neste caminho, e eu não queria isso. A parte de mim que estava morrendo era a que tinha medo de ser exposta, de ser vista pelos outros por quem eu era, sem nenhum traje cuidadosamente elaborado para me encobrir. Era a parte que sabia que quando eu tomasse refúgio, nenhuma dessas coisas seria mais uma opção. O compromisso com o caminho da libertação era o compromisso em confrontar minha escuridão, integrá-la, compartilhar-me com os outros e permitir-me ser visto. Eu estava realmente pronto?

Naquela noite, escolhi tomar refúgio. Fazer isso foi um salto de fé. Mesmo assim, pulei cambaleando. Depois que a cerimônia terminou, deixei o mosteiro, fui para o pequeno aglomerado de lojas logo além de seus limites. Em uma delas, comprei um maço de cigarros. Voltei para o mosteiro e subi até o cume de uma colina sagrada, onde fumei o maço quase todo. A noite estava muito fria, daquele jeito que parece deixar os aromas mais nítidos e as estrelas mais brilhantes. Ainda consigo sentir o cheiro daqueles cigarros nepaleses até hoje: doces, mas fortes, um cheiro quase de incenso na fumaça. O corta-vento azul da Patagonia que eu usava — que, de alguma forma, ainda está pendurado na parte de trás do meu armário depois de todos esses anos — não dava conta daquele frio, mas fiquei lá assim mesmo, tremendo e fumando, pensando no que havia feito.

O que significa tomar refúgio? Isso fazia de mim um refugiado? Para mim, um refúgio significava um lugar seguro, um lugar para se abrigar. Você toma refúgio — vira um refugiado — se precisa escapar do perigo, do sofrimento. Eu sofria há anos e *estava* em perigo: de me perder para a minha dor. Sabe aquelas coisas em que procurei entorpecer a dor, em que busquei refúgio? Status, aprovação, a próxima onda? Nenhuma delas me deu alívio, nem ofereceu abrigo de verdade. Nenhuma era duradoura.

No budismo, quando você toma refúgio, literalmente promete se refugiar no Buda, no dharma e na sangha, também conhecidas como "As Três Joias". Recita-se três vezes: "Eu tomo refúgio no Buda. Eu tomo refúgio no dharma. Eu tomo refúgio na sangha". Dizem que as tradições e a linguagem dos votos de refúgio foram passadas de Buda para mestre e para aprendiz em uma linhagem ininterrupta por mais de 2.500 anos, tanto que é como se você estivesse se comprometendo aos pés do próprio Buda. Benzinho, foi uma pressão danada.

Somada a isso, há uma certa finalidade em tomar refúgio. Acabou a palhaçada; você está admitindo que o único caminho para a libertação é interno, e não há outro. Fazendo o voto, realmente senti o peso das palavras e tudo o que elas implicavam: eu teria que abandonar todos os meus velhos hábitos e trabalhar continuamente para me tornar a versão mais liberta de mim mesmo para ser mais capaz de libertar os outros. O compromisso pesava em meu coração enquanto eu fumava e me perguntava se tinha o que era preciso.

Entretanto, quando parei para analisar cada voto em minha mente, senti uma sensação de paz. Tomar refúgio no Buda era tomar refúgio no potencial da minha própria libertação, na minha própria consciência desperta — eu poderia aprender a confiar em mim mesmo novamente. Significava honrar a natureza de Buda que já existia dentro de mim. Dharma significa ensinamentos — os ensinamentos de Buda — mas também simboliza um caminho: o caminho desses ensinamentos, o caminho da *aprendizagem*. Quando tomamos refúgio no caminho do dharma, tomamos refúgio na experiência de ser um aprendiz e entendemos que *tudo* o que encontramos ao percorrer o caminho apresenta uma oportunidade para a sabedoria surgir. Não precisava ser perfeito, apenas de prática. Eu estava me comprometendo a desenvolver minha consciência para que pudesse ajudar outras pessoas a desenvolver a delas. E eu não precisaria — não poderia — fazer isso sozinho.

Sangha, a terceira joia, significa comunidade. Tradicionalmente, significa a comunidade de outros budistas — aqueles que, como você, estão no caminho. A Sangha fala de um companheirismo profundo, uma partilha de valores. Como você, as pessoas em sua sangha estão alertas para a escuridão e trabalham para enfrentá-la. Eles não estão paralisados de medo do que se esconde no escuro, estão percorrendo o caminho com você, oferecendo feedback e pontos de referência para o nosso progresso nesse caminho.

Ganhamos conhecimento e aprendemos sobre nós mesmos com eles — a sangha é o espelho amoroso que reflete de volta para nós o que está dando certo e o que não está. E sim, eu me refugiei em saber que minha comunidade de pessoas que pensam da mesma forma estaria lá para me inspirar, me ensinar e alimentar minha própria capacidade de ensinar e inspirar a bondade — para praticar a bondade amorosa e ser compassivo. Mas lá, sob o céu noturno ilimitado, senti um profundo sentimento de gratidão quando pensei na sangha que me esperava — e que eu poderia promover — além das paredes do mosteiro, além dos centros Zen e das oficinas de dharma, na bagunça da vida cotidiana. Aquelas pessoas que surfariam nessas ondas comigo, sem as quais não só eu não poderia viver, mas todas as minhas práticas espirituais não significariam nada. Meus amigos sagrados.

Criando a Sangha

Você, meu amor, faz parte da minha sangha agora. Podemos não ter nos conhecido, mas eu e você, na escrita e na leitura deste livro, conversamos sobre as coisas que mais importam. E aqui, ao chegarmos ao final, quero agradecer por me deixar acompanhá-lo nesta parte do seu caminho. Ao escrever este livro, lembrei-me, senti em meu corpo a resistência que senti em diferentes momentos durante minha própria jornada (contínua). E espero que você também tenha sentido resistência ao ler isso.

Talvez tenha sido resistência à própria premissa deste livro: precisamos uns dos outros. Talvez à ideia de que todos possuímos bondade interior. Talvez à aceitação, ou ao perdão, ou à possibilidade de transfiguração. Talvez em acreditar que sua vergonha não precisa ser uma prisão perpétua. Essa conexão é possível para todos nós. Seja o que foi, ou for, a amizade sagrada não exige que você "supere" sua resistência em começar a ser um amigo sagrado. Não precisa ser perfeito em amar a si mesmo ou a qualquer outra pessoa radicalmente o tempo todo para ser compassivo sem falhar. Tudo o que a amizade sagrada exige é um compromisso de tentar — de praticar.

Seria falso não reconhecer que muitos de nós estamos, por qualquer motivo, em uma época em que podemos não ter uma tonelada de amigos. Ou não reconhecer que quanto mais velhos ficamos, mais difícil é fazer novos amigos. Quando concebi este livro pela primeira vez, ele tinha uma vibe de mais de "como fazer": como ser magnético, como atrair amizades. Logo logo, começou a ficar meio esquisito... passou do ponto no desenvolvimento pessoal e se afastou bastante da espiritualidade. Nessa de "como fazer amigos", parecia haver uma corrente inescapável de manipulação — como faço alguém gostar de mim? — e, pasme, de manifestação, como aquelas pessoas que dizem que mentalizar uma coisa a manifesta no mundo.

Manifestação é um capitalista fingindo espiritualidade. *Que fechoooo.* Entreguei tudo, não é? E vou entregar de novo, meu bem. Manifestação é tudo o que está errado com o que as pessoas chamam de espiritualidade. É uma tentativa autofocada de manipular o universo para obter o resultado desejado. É a definição de desejo e apego. É por isso que digo aos meus alunos para orarem por um milagre em vez de um resultado. Um milagre nunca é o que se quer. É sempre algo maior, muito mais profundo. É inesperado e o tira da sua zona de conforto. O desenvolvimento pessoal, por sua vez, é sobre criar segurança para o ego. Libertação é o contrário. É como a citação atribuída a Chögyam Trungpa Rinpoche: "A má notícia é que você está em queda livre, sem nada para segurar, sem paraquedas. A boa notícia é que não há solo". Vida é mudança perene. Podemos gastar nossa energia em pânico, tentando manipular os resultados, ou podemos relaxar na queda livre — a implacabilidade da impermanência — e perceber que não há perigo. Então, é isso: eu não queria escrever sobre como fazer amigos.

Veja o outro lado disso. *Estou* escrevendo sobre fazer amigos — porque escrevo sobre como tratar as pessoas, inclusive a nós mesmos. Você não pode fazer amigos (ou pelo menos mantê-los) se não souber como *ser* um amigo. No nível mais básico, quando tratamos bem as pessoas, com amor e sem a expectativa de nada em troca, elas tendem a querer ser amigas. Atraímos a amizade quando estamos presentes, quando somos curiosos, quando somos confiáveis, quando somos inspiradores, quando nos abstemos de julgar, quando vemos a bondade interior das pessoas. Atraímos a amizade quando podemos estar à vontade com as sombras de outras pessoas, porque conhecemos as nossas.

E atraímos amizade quando levamos o que aprendemos a estranhos. A sangha não é apenas o que se tem, é o que se constrói. Vá além da sua câmara de eco, procure conexão com pessoas diferentes de você. Saiba que o trabalho que tem feito ao longo deste livro não se aplica apenas ao seu núcleo dos 5, seu círculo íntimo — ou mesmo aos 15 do seu churrasco no quintal ou aos 150 dos casamentos e funerais. Destina-se a orientar como se interage com todas as pessoas. Ser "Espiritualmente, Nós" não é apenas sobre seus grupos sociais existentes. É sobre como trazer essa energia para o mundo, como fazer para dirigir nesse estado, como fazer compras nesse estado, e por aí vai.

Qualquer um pode vender estratégias de como conhecer pessoas — atrair amizades tem a ver com uma orientação para a vida. *Estou* escrevendo sobre fazer amigos — porque estou escrevendo sobre como trilhar o caminho da libertação. E trilhar o caminho da libertação leva a uma personalidade magnética — isso atrai a amizade. É o carma de tudo isso.

Precisamos uns dos outros. Nosso bem-estar depende disso. E a nossa libertação também. Não podemos nos libertar sozinhos. Essa é a equação espiritual da qual falamos desde o início: 50% do trabalho ocorre dentro de você, mas os outros 50% ocorrem entre você e sua comunidade. O profundo poder de uma orientação "Espiritualmente, Nós" para a vida, no entanto, é que não só possuímos a capacidade de nos libertarmos uns aos outros, mas também o potencial de libertar o mundo. Mas a equação realmente incrível é que não precisamos mudar o estado de todos, nem muitos de nós. Se apenas 2% das pessoas se comprometessem a se tornar e viver como amigos sagrados, poderíamos mudar a consciência de todas as pessoas em todos os lugares.

A Possibilidade de Curar o Mundo

Somos treinados para ver a ciência e a espiritualidade como fundamentalmente opostas e, no entanto, alguns de nossos cientistas mais rigorosos também são os mais espirituais. A Dra. Lisa Miller, fundadora do Spirituality Mind Body Institute da Universidade Columbia — o primeiro programa de pós-graduação e instituto de pesquisa em espiritualidade e psicologia da Ivy League — com quem falei anteriormente sobre as perspectivas limitantes com as quais nos vemos (e que nos fazem relacionar transacionalmente e não com amor), fez uma extensa pesquisa sobre os efeitos transformadores da espiritualidade no cérebro.

Em seu trabalho, a Dra. Miller demonstrou, surpreendentemente, uma base fisiológica para a espiritualidade, revelando que nossos cérebros estão conectados a ela e que a parte do nosso cérebro que percebe nossa relação com o espírito é a mesma que percebe a intimidade e a conexão uns com os outros; em outras palavras, o *amor*. Quando percebemos as pessoas com amor, estamos, na linguagem da Dra. Miller, percebendo-as como "uma alma na terra", em vez de um conjunto mecânico de partes. Amor, conexão e espiritualidade — e nossa consciência deles, nossa capacidade de percebê-los — compartilham o mesmo circuito neural.

O que me fascina muito nisso é que as descobertas da Dra. Miller também demonstram que as pessoas que têm prática espiritual têm um córtex cerebral mais espesso do que aquelas que não a têm. Como a Dra. Miller escreve em seu livro, *The Awakened Brain*, "O córtex cerebral é onde processamos estímulos emocionais. Especificamente, essa parte do cérebro é importante para o raciocínio, o planejamento e o humor. Um córtex mais fino inibe nossa capacidade de perceber e nos orientar no mundo e de nos ver com clareza".[1] Portanto, um córtex mais espesso nos ajuda com a percepção precisa, e as pessoas que se classificam como altamente espirituais têm um córtex mais espesso. Mas o que a Dra. Miller descobriu é que isso não é apenas um traço genético fixo — podemos engrossar *ativamente* o córtex cerebral por meio da prática espiritual, independentemente de quão espirituais somos. Podemos engrossar ativamente o córtex cerebral por meio de uma percepção uns dos outros como almas na Terra.

Quando praticamos ver as pessoas dessa maneira todos os dias, desenvolvemos a espessura cortical. Em certo sentido, então, desenvolver a capacidade de perceber um ao outro dessa maneira é como ganhar um músculo — é uma força que podemos aumentar. Quanto mais fazemos isso, mais se torna nossa opção, nossa percepção padrão. O cérebro pode ser treinado, mas temos que ensiná-lo. Requer treinamento especial ver as pessoas como seres espirituais? Não, requer amor. O amor é a prática. Quando ama as pessoas radicalmente, quando vê sua divindade inerente, sua santidade, sua *bondade basilar*, você se aproxima da libertação.

O que isso tem a ver com curar o mundo? Bem, quanto mais estudiosos e pesquisadores estudam a consciência — em outras palavras, consciência e percepção — mais a ciência e a espiritualidade se aproximam. É incrível, mas cientistas, de físicos a neurocientistas, estão investigando um retrato da consciência que revela a consciência como um campo — para cada um de nós, nossa autoconsciência, nossa experiência de consciência, é na verdade apenas uma parte desse campo. Em termos espirituais, cada um de nós é um receptáculo para a consciência, e não sua fonte.

Por que isso importa? Porque aponta para a consciência como não local, e a não localidade explica o mistério do emaranhamento — o fenômeno, como observado pela física quântica, de duas partículas se afetando reciprocamente mesmo através de grandes distâncias. Podemos afetar a consciência um do outro a grandes distâncias porque estamos participando de um campo de consciência. Estamos emaranhados. São nossa consciência, nossa atenção e percepção, que afetam o campo da consciência. Em certo sentido, quando analisamos a realidade, necessariamente a afetamos.

A percepção é uma escolha, e nossa percepção afeta o campo da consciência. O tempo todo, ao longo de *Espiritualmente, Nós,* falamos sobre treinar nossa percepção. O trabalho da Dra. Miller nos mostra que esse tipo de treinamento pode mudar ativamente nossos cérebros e essa percepção pode se tornar habitual. Então, o que significaria para o campo da consciência se uma orientação "Espiritualmente, Nós" para a vida se tornasse nosso modo padrão de percepção?

Em nossa conversa, a Dra. Miller me apresentou o termo "arrastamento". O arrastamento descreve a ação de duas oscilações se tornando síncronas. Um pêndulo é um ótimo exemplo de oscilação: ele oscila para frente e para trás regularmente no mesmo ritmo, sempre a partir do mesmo ponto central. Se dois pêndulos começassem a balançar no mesmo ritmo, eles seriam arrastados.

No final da década de 1980, os cientistas começaram a estudar a possibilidade de arrastamento de ondas cerebrais entre as pessoas. Desde então, numerosos estudos usando testes de eletroencefalograma (EEG) — que mede a atividade elétrica no cérebro — mostraram o arrastamento entre duas pessoas empaticamente conectadas: pessoas que meditavam juntas, que se espelhavam em uma tarefa, que oravam juntas. As oscilações de suas ondas cerebrais sincronizadas. Os efeitos do arrastamento ficaram ainda mais fortes quando um número maior de pessoas se uniu. Segundo a Dra. Miller, "Pessoas que oram juntas... aceleram a taxa em que os companheiros de adoração ativam os caminhos neurológicos de um estado de oração. E é como se o estado espiritual não fosse apenas compartilhado, mas também contagioso. Se nove pessoas estão orando juntas, seus cérebros são arrastados e, quando uma décima pessoa entra na sala, o recém-chegado logo chega ao mesmo estado espiritual arrastado".[2]

Somos todos apenas receptáculos para a consciência. Quando escolhemos nos unir e perceber uns aos outros a partir de um estado empático — quando nos unimos em amizade sagrada — somos capazes de arrastar a consciência daqueles que nos rodeiam e, em algum momento, mudar o campo de consciência do mundo. É a própria consciência amorosa e sagrada que é transformadora. Mesmo que você entre em uma sala e não diga uma palavra, saiba que você é um canal de consciência; a energia está em você, mas você deve escolher sua frequência. Deve recuar ativamente quando estiver em julgamento, dividido, criticando, fazendo fofoca — sempre que sentir um dos três venenos poluindo seus pensamentos. Nesses momentos, é hora de respirar fundo e voltar para o seu corpo, sussurrar um mantra, realinhar sua perspectiva. Lembre-se de que somos todos uma expressão do espírito.

Somos um sistema aberto. Se cada pessoa vive verdadeira, plena e expressivamente como um canal de espírito, e todos aqueles ao seu redor são tocados — uma vez que o espírito é muito mais poderoso do que qualquer pessoa nova — precisaríamos de quantos no caminho para a liberdade a fim de arrastar a consciência do mundo inteiro? Isso é possível? Sim. E pode ser feito com apenas duas em cada cem pessoas.

O laboratório Princeton Engineering Anomalies Research (PEAR) foi fundado em 1979 por Robert G. Jahn, professor de engenharia aeroespacial e reitor da Escola de Engenharia e Ciências Aplicadas da Universidade de

Princeton, para estudar a capacidade da consciência de influenciar processos físicos.

Durante anos, os pilotos descreveram ao Dr. Jahn um "fantasma na máquina", uma sensação de que seus aviões estavam conscientes ou respondiam à consciência. Como o Dr. Jahn era engenheiro, e o que os pilotos estavam descrevendo poderia, em teoria, afetar a segurança do voo — sabe como é, se os aviões sobem ou descem —, sentiu que não podia ignorá-los. Ele passou de trinta a quarenta anos conduzindo experimentos rigidamente controlados, especialmente em torno de máquinas geradoras de números aleatórios. Os voluntários entravam no laboratório e eram solicitados a transmitir, com o coração e a consciência, a intenção de que os números na máquina geradora de números aleatórios aumentassem — e o número médio aumentava. E então, com a mesma pessoa e a mesma máquina, eles eram solicitados a reduzir a média.

O laboratório constatou que quanto mais conectadas as pessoas estivessem, mais elas impactariam a máquina inanimada, o que quer dizer que nós, como pessoas, somos receptáculos de consciência, e a consciência é altamente transformadora — pode até mudar o mundo físico.

O Dr. Jahn revisou os resultados de milhares de experimentos usando configurações iguais ou semelhantes. E foram necessários apenas 2% das pessoas aplicando sua intenção consciente para mudar os números. O efeito Maharishi mostra impactos semelhantes por intermédio da meditação transcendental. Em 1960, Maharishi Mahesh Yogi previu que se apenas 1% da população global praticasse a meditação transcendental, o mundo inteiro experimentaria uma maior — e mensurável — qualidade de vida.

Em 1993, como parte de um experimento para testar essa hipótese, 4 mil pessoas se reuniram em Washington, DC, e meditaram intencionalmente. O que se seguiu foi uma queda de mais de 10% no crime, sem quaisquer outras razões observáveis. Diferentes experimentos produziram números diferentes. A verdadeira conclusão é que não é preciso que todos mudem. E dado isso, cada um de nós que escolhe ser "Espiritualmente, Nós" importa. E importa muito.

Podemos curar o mundo. Gerar um carma que atraia a amizade sagrada. E quanto mais de nós vivermos assim, trabalhando para a libertação de nós mesmos e uns dos outros, mais rapidamente poderemos transformar nossa cultura, nossas formas velhas e quebradas de pensar e de ser que apenas geram isolamento e solidão, que nos mantêm presos em nosso condicionamento e sofrimento. Não temos que ter medo da escuridão. Quanto mais luz derramamos sobre nossa escuridão interior, mais luz somos capazes de oferecer aos outros. Juntos, iluminamos o caminho para o mundo.

Conclusão

Escrever este livro foi uma odisseia de dois anos. Durante esse tempo, tive que navegar por um terreno muito acidentado, uma terra que nunca achei que precisaria atravessar tão cedo: a morte da minha mãe. Não há moral edificante nesta história, nenhum "lado bom", mesmo que eu quisesse. Contudo, houve surpresas. Nada maior do que o fato de que, mesmo estando arrasado pela tristeza cortante, ainda sentia lampejos de alegria. Eram fugazes e não diminuíam minha dor, mas esses lampejos, por mais breves que fossem, iluminavam a escuridão. Esses pontos de luz, de alegria, me impediram de me perder por completo.

A alegria está sempre no presente. A maioria de nós não percebe isso, porém, porque confundimos felicidade — que é em grande parte circunstancial — com alegria, que é um estado contínuo de ser. E como a alegria vive na presença, acessá-la é quase impossível em um mundo obcecado por distrações. Encontramos tanto refúgio na distração. Nossos celulares são heroína de distração. Tropeços futuros, ciclos passados: ambos distrações. Não me entenda mal — a última coisa que um verdadeiro filhinho da mamãe como eu quer depois que a mamãe deixa este plano é estar presente. Quero me distrair totalmente dessa merda de dor. Mesmo com meus anos de prática, com meu ensino. Quero. Me. Distrair.

Então, como a sorrateira alegria entrou? Pela conexão. Enquanto eu me debatia no crepúsculo após a morte da minha mãe, muitas pessoas estenderam não apenas uma mão, mas *sua* presença. Elas focaram sua consciência amorosa em mim, arrastando a *minha* presença. Elas me trouxeram para o momento presente. A base de uma década de prática significava que, mesmo durante essa época sombria para um caralho — talvez especialmente durante essa época — muitas vezes eu era capaz de ficar ali, sentir os sentimentos passarem por mim e vivenciar, do outro lado deles, alegria. Não o tempo todo, nem mesmo por longos períodos de tempo, mas ela estava inegavelmente lá. Não me sentia bem, óbvio, mas ficava *ok*. Essa tranquilidade era minha tábua de salvação para o mundo. E a alegria é isso: serenidade.

Após a morte da minha mãe, comecei a treinar em um programa de educação pastoral clínica em um hospital aqui em Los Angeles. Minha mãe morreu em um hospital e a falta de apoio que nossa família passou naquele lugar acrescentou muito sofrimento à nossa dor. Tornar-se capelão parecia uma extensão natural dos meus votos de bodhisattva — meu compromisso como budista de fazer do alívio do sofrimento dos outros o trabalho da minha vida — e da minha reverência por minha mãe. E isso trouxe muita alegria, muito mais do que eu esperava. Fazer este trabalho demonstrou a profunda verdade da sabedoria popular de que "alegria compartilhada é alegria dobrada, tristeza compartilhada é reduzida pela metade".

No entanto, é difícil: os quatro pilares do papel do capelão são a esperança, a conexão, o significado e o propósito, trabalhando para restaurá-los para as famílias e pacientes. A parte da esperança tem sido complicada para mim — tive que resistir ao impulso de "oferecer esperança", embora soubesse que não é por aí. Você deve ouvir o que os pacientes dizem e refletir de volta para eles — oferecer conexão, para ser o espelho através do qual eles aprendem algo sobre si mesmos. É aí que a esperança surge, no aprendizado, na revelação. Tentar resolver, consertar ou oferecer esperança como forma de distrair um paciente de sua dor é um desserviço. Porque, é claro, isso os rouba do presente.

Minha mentora, a rabina Sarah Barukh, sempre me lembra: você é o cookie, não precisa trazer um cookie para a sala. Ela quer dizer que *sua presença é a oferta*. Surpresa — até eu preciso desse lembrete. Quando se trata disso, meu trabalho é ser um amigo sagrado. Procuro estar presente. Rejeitar distrações. Estar com o desconforto. Oferecer a oportunidade de alegria. Mesmo que seja apenas um flash, apenas uma pontada de luz. E só podemos chegar à alegria quando nossos sentidos não estão apegados à gratificação, quando nos libertamos da necessidade de ouvir, ver, cheirar, saborear e fazer coisas boas para ser felizes, pois não estamos circunstancialmente viciados.

Não há nada de errado com a felicidade, meu bem. Claro que não! Repetidamente dizemos aqui nestas páginas que queremos apoiar os outros a serem felizes. Nesta vida, há muito espaço para as coisas funcionarem a seu favor. Há espaço para o melhor cenário. No entanto, se essas são as únicas vezes nas quais está "feliz", você não entendeu a trama. Então, se há uma coisa que eu quero que saiba ao virar a última página deste livro e fechá-lo, é que a *alegria* está *sempre* disponível no momento presente. E essa conexão nos conduz ao presente como ninguém.

Notas

Capítulo 1: Precisamos Uns dos Outros

1. Tim Adams, "John Cacioppo: 'Loneliness Is Like an Iceberg — It Goes Deeper than We Can See", *Guardian*, 28 de fevereiro de 2016, theguardian.com/science/2016/feb/28/loneliness-is-like-an-iceberg-john-cacioppo-social-neuroscience-interview.
2. National Academies of Sciences, Engineering, and Medicine, "Social Isolation and Loneliness in Older Adults: Opportunities for the Health Care System" (Washington, DC: National Academies Press, 2020), xi, 1, 17–18, 53, 55, 60, 104; A. Stravynski e R. Boyer, "Loneliness in Relation to Suicide Ideation and Parasuicide: A Population-Wide Study", *Suicide and Life-Threatening Behavior* 31 (2001): 32–40; A. R. Rich e R. L. Bonner, "Concurrent Validity of a Stress-Vulnerability Model of Suicidal Ideation and Behavior: A Follow-Up Study", *Suicide and Life-Threatening Behavior* 17 (1987): 265–270.
3. David A. Reinhard, Sara H. Konrath, William D. Lopez e Heather G. Cameron, "Expensive Egos: Narcissistic Males Have Higher Cortisol", *PLOS ONE*, 23 de janeiro de 2012, journals.plos.org/plosone/article?10.1371/journal.pone.
4. Richard Weissbourd, Milena Batanova, Virginia Lovison e Eric Torres, "Loneliness in America: How the Pandemic Has Deepened an Epidemic of Loneliness and What We Can Do About It", Harvard Graduate School of Education, Making Caring Common Project, fevereiro de 2021, mcc.gse.harvard.edu/reports/loneliness-in-america.
5. "New Cigna Study Reveals Loneliness at Epidemic Levels in America," 1º de maiode 2018, prnewswire.com/news-releases/new-cigna-study-reveals-loneliness-at-epidemic-levels-in-america-300639747.html; "Cigna U.S. Loneliness Index: Survey of 20,000 Americans Examining Behaviors Driving Loneliness in the United States", Maio 2018, multivu.

com/players/English/8294451-cigna-us-loneliness-survey/docs/IndexReport_1524069371598-173525450.pdf.

6. Holly Hedegaard, Sally C. Curtin e Margaret Warner, "Suicide Rates in the United States Continue to Increase", NCHS Data Brief No. 309, junho de 2018, cdc.gov/nchs/data/databriefs/db309.pdf.
7. Entrevistas com a Dra. Rachel Wurzman, videochamadas, 24 de fevereiro e 25 de abril de 2022.
8. Pema Chödrön, *When Things Fall Apart*, 20th anniversary ed. (Boulder, CO: Shambhala, 2016), p. 34–35.
9. Bastiaan T. Heijmans, Elmar W. Tobi, Aryeh D. Stein, Hein Putter, Gerard J. Blauw, Ezra S. Susser, P. Eline Slagboom, and L. H. Lumey, "Persistent Epigenetic Differences Associated with Prenatal Exposure to Famine in Humans", *Proceedings of the National Academy of Sciences of the United States of America* 105, no. 44 (novembro de 2008): 17046-17049, ncbi.nlm.nih.gov/pmc/articles/ PMC2579375/.
10. Dalai Lama, *How to Practice: The Way to a Meaningful Life*, ed. e trans. Jeffrey Hopkins (Nova York: Simon e Schuster, 2002), 66.

Capítulo 2: Amizade Sagrada

1. Lydia Denworth, *Friendship: The Evolution, Biology, and Extraordinary Power of Life 's Fundamental Bond* (Nova York: WW Norton, 2020), 12, 247.

Capítulo 3: Seja um Jardineiro Espiritual

1. Rumi, *The Essential Rumi*, trad. Coleman Barks e John Moyne (Nova York: HarperCollins, 1995).
2. "Tenzin Palmo Jetsunma — the Difference between Genuine Love and Attachment", YouTube, 12 de junho de 2016, youtube.com/watch?v=6kUoTS3Yo4g&t=66s.
3. Valerie Kaur, *See No Stranger: A Memoir and Manifesto of Revolutionary Love* (Nova York: One World, 2020), p. 23.

Capítulo 4: Conflito é para quem Ama

1. C. G. Jung, *Memories, Dreams, Reflections*, rec. e ed. Aniela Jaffe, trad. Richard e Clara Winston, reimpressão. Nova York: Vintage Books, 1984.

2. Albert Einstein, discurso na New History Society, 14 de dezembro de 1930, reimpresso em "Pacifism", *Einstein on Cosmic Religion and Other Opinions and Ahorisms* (1931; repr., Garden City, NY: Dover Publications, 2009), p. 40.
3. Marianne Williamson, "Day 12", *A Year of Miracles: Daily Devotions and Reflections* (Nova York: HarperOne, 2013), p. 39.

Capítulo 5: Permanecendo no Fogo

1. "What Is Nonviolent Communication?" PuddleDancer Press, acesso em: 31 de agosto de 2023, nonviolentcommunication.com/wp-content/uploads/2020/09/What-is-NVC-Information.pdf.
2. Dalai Lama, "Compassion Is Nonviolence", *Courier Journal*, 18 de maio de 2016, courier-journal.com/story/opinion/contributors/2016/05/18/comment-dalai-lama-compassion-nonviolence/84553564/.
3. Entrevista com Kristin Masters, videochamada, 17 de fevereiro de 2022.
4. Entrevista com Rachel Pringle, videochamada, 24 de fevereiro de 2022.
5. David Kessler e Louise Hay, *You Can Heal Your Heart: Finding Peace after a Breakup, Divorce, or Death* (Vista, CA: Hay House Publishing, 2014), p. 36.
6. Thich Nhat Hanh, *No Death, No Fear: Comforting Wisdom for Life* (Nova York: Riverhead Books, 2002), p. 72–73.

Capítulo 6: Escondido à Vista de Todos

1. Entrevistas com a Dra. Rachel Wurzman, videochamadas, 24 de fevereiro e 25 de abril de 2022.
2. Brené Brown, *Rising Strong: How the Ability to Reset Transforms the Way We Live, Love, Parent, and Lead* (Nova York: Random House, 2015), p. 32.

Capítulo 7: O Carma de Tudo

1. Lisa Miller, *The Awakened Brain: The New Science of Spirituality and Our Quest for an Inspired Life* (Nova York: Random House, 2021), p. 193.
2. Miller, *The Awakened Brain*, p. 258.

Índice